Andana
editorial

El Maquinista

La traducción de esta obra ha recibido una ayuda del Ministerio de Cultura y Deporte de España.

GOBIERNO DE ESPAÑA   MINISTERIO DE CULTURA   DIRECCIÓN GENERAL DEL LIBRO, DEL CÓMIC Y DE LA LECTURA

Título original: *Les aventures de Diània*
Esta obra ha recibido el Premi Ciutat de Dénia

© del texto: Francesc Gisbert
© de las ilustraciones: Javier Lacasta Llácer
© de la traducción: Letícia Oyola
Revisión lingüística: Antonio Díaz
© Andana Editorial
  Av. Aureli Guaita Martorell, 18
  46220 Picassent
  andana@andana.net - www.andana.net
  Tlf. 962 48 43 82

1.ª edición: marzo de 2024
ISBN: 978-84-19913-29-6
Depósito legal: V-339-2024
Impreso por Impressa

Las aventuras de
DIANIA

Francesc Gisbert / Ilustraciones - Javier Lacasta Llácer

Caminos de Roma

Roma quiso conquistar el mundo. Y el mundo se dejó conquistar. Los romanos sienten que tienen derecho a conquistar la humanidad. Y gran parte de la humanidad se resigna a ser gobernada. Es la ciudad más poblada y poderosa que ha existido jamás. Roma devora todo lo que toca, como un inmenso torbellino.

Las legiones romanas se extienden, a finales de la era de Augusto, por todo el mundo. Todas las tierras conocidas han sido conquistadas y pagan tributos. Solo existe el mundo dibujado en los mapas de Roma. Más allá de los límites, en Britania o Germania, en Sarmatia Oriental o en los desiertos del norte de África, no hay nada. Solo tribus desconocidas y leyendas fantásticas.

La primera vez que fui a Roma, el puerto de Ostia, de límites imprecisos, se abría a un lío de calas de hormigón donde fondeaban cientos de barcos. Conversaciones en todas las lenguas y pieles de todas las razas. Embarcaciones de cualquier país y viajeros de las más diversas procedencias. Entraban y salían, anclaban al llegar o desplegaban velas y remos para navegar. Por las noches, el resplandor de los templos y las villas desafiaban la oscuridad y se adivinaban desde mar adentro.

Mis padres me mandaron a Roma para servir a la familia patricia de los Tiberíades. Pensaba que me encontraría una ciudad temida y admirada. Lo que me encontré fue una ciudad donde se respiraba miedo. Un miedo silencioso que se palpaba en las miradas y se saboreaba en las conversaciones en voz baja. Un miedo al que, sin saberlo todavía, me enfrentaría con la más singular de las compañías.

Pero vayamos por partes. Para comprender mi historia, lo primero que tenéis que saber es que no soy romana. Nací en Dianium, en la costa de la península de Hispania. Para los romanos, esto no es más que una provincia de su imperio, la Tarraconense. Vivía en una alquería, cerca de la Almadraba. En la Almadraba tejían redes y había un taller de alfareros. Fabricaban ánforas y

tejas. Mi familia cultivaba las tierras de los alrededores, propiedad de los Tiberíades. El primer Tiberio llegó después de que las legiones de Roma conquistaran aquella tierra a mis abuelos. Se adueñaron de todo.

En Dianium vivía uno de los administradores, con tierra e intereses en Ilici, Saetabis y, según decían, más al norte, en Valentia y Saguntum. Se encargaba de cobrar los tributos, puntualmente, y de imponer las leyes romanas. También conocí a muchos colonos, antiguos legionarios de Julio César y Augusto. Al licenciarse, tras veinte años de servicio, los soldados que sobrevivían a las guerras recibían tierras en todo el Imperio. Algunos se convertían en vecinos nuestros.

Yo siempre había sido una niña especial. O eso pensaba la gente. Prefería la compañía de los animales y pasear por la montaña que tratar con personas. En tiempos de los abuelos, nuestro pueblo vivía en la cima de una montaña. Pero las legiones romanas los obligaron a abandonar las sierras y a instalarse en la llanura y en la costa. Según mi padre, los abuelos fueron de los últimos habitantes de las montañas. Ahora, en el poblado de la sierra solo había ruinas. Excepto la cueva de la Mujer.

La cueva era un lugar de peregrinación. A ella se accedía por sendas de leñadores. A pesar de eso, los

7

caminos que llevaban a la cueva de la Mujer siempre estaban transitados. Cientos de pies los mantenían abiertos y libres de vegetación. La anciana de la guarida era una curandera: una bruja.

En la alquería, había oído contar historias en voz baja, al calor del fuego, durante las noches más frías. Historias sobre el final de las últimas brujas de Dianium, de antes de los romanos. Cuando nuestro pueblo era libre y habitaba las montañas.

La mujer de la cueva vivía sola, en una galería natural, junto a la cascada de un arroyo. Curaba con los conocimientos de la naturaleza, con infusiones y brebajes de plantas, con ungüentos y cataplasmas, con la fuerza de la oración y la imposición de manos. Hablaba la lengua de las montañas, totalmente distinta del latín de los colonos y de los legionarios. Se decía que también adivinaba el futuro y se comunicaba con el más allá. Y que en la cascada vivía un espíritu elemental, una ninfa de agua con poderes mágicos. De vez en cuando, emergía de las aguas, concedía sus dones o castigaba con maldiciones.

No sabía por qué me habían llevado allí. No padecía ninguna enfermedad. Mi madre tampoco. La mujer de la cueva me agarró las manos y me miró un buen rato a los ojos. En medio de la oscuridad, la hoguera resplandecía al

fondo. El olor a aceite quemado me agobiaba. Y el baile de las sombras difuminaba los objetos más diversos. Cuando su mirada se cruzó con la mía, fue como abrir una ventana y contemplar el paisaje interior de mis pensamientos. La mujer era muy vieja y arrugada; hablaba siseando, como las serpientes. Formuló algunas preguntas. Al acabar, nos hizo esperar fuera, en la entrada. Tenía que hablar con mi madre.

Durante el camino de vuelta, mi madre no abrió la boca, perdida en sus pensamientos. De vez en cuando, se giraba y me miraba de reojo. De un modo que no presagiaba nada bueno. La verdad es que nunca me había mostrado el mismo afecto que a mis hermanos. Aquella noche descubrí por qué. Al volver a casa, intuía que mis padres hablarían de aquello. Y que lo harían cuando creyeran que no los escuchaba. Me mandaron a por leña antes de cenar. Mis hermanos jugaban fuera de casa. Pegué la oreja a la ventana. Mis padres conversaban asustados:

–¿Eso te ha dicho?

–Sí, no podemos hacer nada. Por nuestro bien y por el suyo.

–¿Cómo sabes que no son desvaríos de loca? Esa mujer tiene una pila de años, debe de chochear y está como un cencerro.

–La mujer de la cueva no está nada trastornada. Tiene la semilla. Y ha dicho que Diania también. Pero una semilla diferente de la suya. ¡Yo siempre lo he sabido! Igual que el vecindario. Si se queda en casa y la descubren, nos pondrá a todos en peligro. La gente empieza a murmurar. De pequeña, vale, pero, a medida que se vaya haciendo adulta, se darán más cuenta. La mujer de la cueva me ha explicado que la semilla germina en la adolescencia y no para de crecer hasta la edad adulta. Lo ha dejado bien claro.

–Por mí se pueden ir todos a paseo. Mi hija no tiene culpa de nada.

–Tu hija no es hija mía. Acierta los cambios de tiempo. Adivina quién vendrá. Los animales la obedecen. ¿Te acuerdas de aquel lobo rabioso que rondaba por las casas? ¿El que mordió a la nieta del carpintero? Tengo la imagen grabada en la memoria. Eran las fiestas de primavera y los niños jugaban en la noria con la llegada del buen tiempo. Algunas mujeres corrían, alertadas por los ladridos y los llantos. Y entonces la vimos: erguida, delante del lobo rabioso, de aquella boca que era todo dientes. Los otros niños habían huido. Ella le plantaba cara a la bestia. Tan serena. Susurraba unas palabras. El lobo obedeció, dejó que se fuera la nieta del carpintero y dio media vuelta.

–¡Desagradecidos! Debería haber dejado que se comiera a la criatura. Así no despotricarían.

–Hasta ahora la he criado como si fuera hija mía. Pero tú sabes quién era su madre. En Roma tendrá una oportunidad que nosotros no le podemos dar. Esto me dijo la mujer de la cueva: «El destino de Diania son los caminos de Roma». Y además, servirá para pagar las deudas que tenemos con el administrador.

La dama de gris

La embarcación tuvo que esperar en la bocana del puerto de Ostia hasta que autorizaran su paso con las indicaciones de bandera convenidas. La Ondina era una de las muchas naves de vela y remo que navegaban por el Mare Nostrum. Mientras llegaba el momento de entrar al puerto, algunos pasajeros se fijaron en una estatua situada en lo alto de un acantilado:

–Es la quimera. La criatura protectora del puerto. Controla la entrada de forasteros. Y cuando no detecta algo sospechoso, levanta el vuelo y destroza la nave.

Aquel marinero malcarado se lo pasaba en grande atemorizando a los pasajeros. En La Ondina viajaban sobre todo desheredados de provincias meridionales del Imperio, en busca de una vida mejor. Se creían las historias y se abrazaban unos a otros. Una niña empezó a llorar a mi lado:

—Es de piedra. Y la piedra no tiene vida.

Se lo dije al oído. Pero el marinero me oyó y puso un gesto de disgusto. Me tenía atravesada. Yo viajaba sola, desde que embarqué en el puerto de Dianium, con un cargamento de ánforas llenas de vino y aceite. Cualquier otra no habría dicho ni pío, muerta de miedo. ¿No tenía bastante con las historias de monstruos marinos y piratas sanguinarios ni con el hecho de viajar sola y desamparada? Algunos pasajeros me tomaban por una trotamundos. Sabían que el viaje de Hispania a Roma no era barato. Pero ignoraban que me lo había pagado el administrador de los Tiberíades. El capitán de La Ondina había recibido órdenes de llevarme sana y salva a Roma después de hacer escala en diversas islas del Mare Nostrum: en las Baleares, Cerdeña y Córcega.

—¡Calla, piojosa! Te tendría que haber lanzado por la borda cuando subiste. A ti y a tu rata.

Apreté los dientes, rabiosa. Habría contestado por la tremenda, pero recordé las palabras de mi padre: «Habla poco, escucha más, y no errarás». Preferí hacer caso y

callar. Aquella bestia peluda y despechugada, de cabeza rapada y mirada de zorro, parecía capaz de cumplir su amenaza. Lo veía con ganas de arrancarme la cabeza de un mordisco y escupir el hueso. Estábamos muy lejos del puerto como para llegar a nado. Uri, en cambio, sacó la cabeza de la bolsa de cuero y gruñó, desafiante. El marinero se giró, muy contento, como si entendiera los insultos. Uri se escondió enseguida en el zurrón, entre mis escasas pertenencias. Era una ardilla de montaña. La encontré cuando no levantaba un palmo del suelo, acurrucada junto al tronco de un árbol talado por unos leñadores. Y desde entonces estamos juntas, somos uña y carne. Mis padres se opusieron a que me la llevara a Roma. No les hice caso. Era la única amiga que me quedaba.

Avanzábamos remolcados por una barca de remos. Al ser de poco calado, La Ondina echó amarras junto al muelle. No necesitaba profundidad como las galeras, más grandes. En el puerto se respiraba gran agitación. Mástiles, poleas, montones de carros, mercancías apiladas y un hervidero de marineros, comerciantes y transeúntes... Las naves y las calles del puerto bullían de vida. La nave atracó entre gritos y sogas. El capitán dejó que los pasajeros desembarcaran primero, para que no entorpecieran las maniobras de la estiba. El pasaje ocupó el lado de proa, al pie de una pasarela de madera. La mayoría, con un fardo a la espalda y un pañuelo en el brazo. El orden dependía de la categoría y del precio del billete, como la comida y el espacio para dormir durante la travesía. Me tocó esperar de las últimas. A punto de subir a la pasarela, volví a escuchar el vozarrón del marinero:

–¡Tú, lárgate, piojosa!

El empujón me lanzó pasarela abajo. Me quedé colgando. Casi me caigo a las aguas podridas del puerto. El marinero hizo ademán de rematar el trabajo y aplastarme los dedos con el pie. Entonces, Uri salió de la bolsa, se le subió por la pierna y le clavó los dientes en el muslo. El marinero gritó espantado, como si le hubiera atacado un león del Atlas. Se deshizo de Uri de un manotazo:

–¡Basta! Os romperé todos los huesos.

Una vara se interpuso entre la bestia y sus presas. Una vara blanca de sabina, retorcida y con nudos, entre la cara sanguinaria del marinero y la bola de pelo erizado que era Uri. Enfebrecido, el individuo reaccionó con violencia. Se giró y agarró el puño de la vara, sin fijarse en quién la sostenía. La vara lo desequilibró y, en un momento, agonizaba en el agua.

La propietaria era una mujer alta y enjuta, de mediana edad y melena blanquecina, con una capa gris. No recordaba haberla visto durante la travesía. Había oído que un pasajero importante había subido a la nave, en una escala nocturna, en el puerto de Aleria, en Córcega. Ocupaba el camarote de popa. Por la noche, mientras todos dormían, me pareció entrever por el castillo de popa una figura solitaria que no se mezclaba con el resto del pasaje.

El capitán se acercó con una cara que echaba chispas:

–¿Qué sucede? ¿Quién ha atacado mi...?

Se calló de golpe y porrazo. Aquella mirada de ojos verdes consumía el aire. Como una llama. Le hacía perder el aliento. La dama de gris provocó un silencio sepulcral en el griterío del puerto. Congeló la imagen por un instante, y todo el mundo, dentro y fuera del barco, quedó petrificado y en silencio, a la expectativa. El marinero salió del agua más escaldado que un pollo en remojo. Miraba a la culpable de todos sus males, chorreando y con cara de acelga, agarrado a un cabo de la nave. Dudaba si mantener esa posición tan ridícula, para no entorpecer el paso, o subirse y quitarse de en medio.

Por último, me incorporé de un salto. Crucé la pasarela y me escabullí entre la gente. La dama de gris permaneció inmóvil, inexpresiva. El capitán y el marinero

la dejaron pasar, espantados. Ya a salvo entre la multitud del puerto, me giré. Un pájaro amarillo de alas negras se posó en el hombro de la dama de gris: «¿Ya has llevado el mensaje?». Era un oriol.

El oriol le pio al oído: «Sí, no tardarán». ¡Lo entendí! Y también la respuesta mental de la dama. Me quedé inmóvil. Siempre había tenido habilidad con los animales. Pero esa era la primera vez que entendía lo que decía un pájaro y podía leer los pensamientos. No pude evitar expresar mi sorpresa mentalmente: «¡Un pájaro que habla!». La dama se giró y me localizó entre la gente. Ella también había oído mis pensamientos.

La dama de gris preguntó sin abrir la boca: «¿Quién eres?». Sabía que no debía contestar, que la prudencia aconsejaba silencio. Pero respondí enseguida: «Me llamo Diania». La dama parecía interesada: «Yo soy Selena de Caravante. Ven a verme al Hostal de las Hespérides. Tú y yo estamos destinadas a conocernos».

Mientras salía del puerto y buscaba el camino de Roma, escuché una conversación. Dos comerciantes se habían fijado en la llegada de la dama y hablaban de ello:

–Es ella, la bruja Selena.

–Dicen que la han hecho venir desde Aquitania. Solo ella puede encontrar la esfinge maldita.

De cómo, huyendo, encontramos

Me dirigí a la ciudad por la vía Ostiensis. Según las indicaciones que me dieron a las afueras del puerto, debía seguir la orilla del río Tíber, cruzar la puerta Trigemina y las murallas servianas y pasar por la primera de las colinas sobre las que se había construido Roma, el monte Aventino.

Carros y cabalgaduras circulaban ordenadamente sobre el empedrado de las calles. Las personas con las que me cruzaba iban arregladas, con túnicas cortas y limpias, saludables y respetables. En Dianium llevábamos ropa más basta que dejaba ver la dureza del trabajo en el campo o en los talleres, siempre entre animales y herramientas para labrar el campo o fabricar ánforas. Los habitantes de Roma se daban un aire a los dioses. Parecía que no trabajaban, de tan elegantes y peinados. Ni se cansaban ni se ensuciaban. ¿De qué vivían? Para mí, resultaba un misterio.

Sin embargo, no tardé en darme cuenta de la existencia de diferencias no visibles a primera vista. Algunos circulaban en literas de muy señor mío, llevadas por esclavos que sudaban la gota gorda. Había un hervidero de gente a pie, de ropa humilde y andar ajetreado, cargada con sacos o alforjas, como las bestias. Con todo, no mostraban las heridas de la miseria y el hambre que yo tan bien conocía. ¿Sería cierto eso que decían los soldados y los comerciantes que pasaban por Dianium de que Roma había vencido todas las batallas? ¿También la de la pobreza?

El mercado de animales estaba en el foro Boario. Intenté preguntar allí. Todo el mundo me ignoraba. La mayoría me miraban con desconfianza y seguían andando. Me dedicaban gruñidos incomprensibles y gestos desagradables. Para acabar de complicarlo, en Roma hablaban un latín diferente del de los legionarios y comerciantes que pasaban por mi tierra y me costaba digerir las palabras.

Después de andar y andar, me senté, reventada, en las escaleras de un edificio, en una de esas plazas que llaman foros, por ser un punto de encuentro de la gente. A la sombra de un bosque de columnas altísimas, contemplé el barullo de tiendas y mercancías de todo tipo que me rodeaba. Caminar sobre el empedrado con mis alpargatas rechinaba más que sobre la tierra o la hierba de las montañas.

En eso, descubrí una fuente ante un edificio circular rodeado de columnas. No lo sabía, pero era el templo de Hércules, uno de los semidioses y héroes más populares del Imperio. Dicho y hecho, avancé hacia la fuente, me desaté las alpargatas y me refresqué los pies en el agua. El frescor me reconfortó. Algunas de las personas que transitaban por la escalera me miraban con desaprobación. Como no las entendía, no hice caso. Relajada, me lavaba la cara bajo el surtidor que nacía de la boca de una doncella absorta y regordeta. De repente, me agarraron de los hombros y me sacaron de la fuente de un tirón. Caí bocabajo, entre las piernas de dos guardias uniformados. Capa roja, armadura con anchas bandas de metal, un escudo cuadrado y un silbato colgando del cuello:

–¡Tú, sinvergüenza! ¿Qué haces bañándote en la fuente del templo de Hércules?

–¿De quién eres?

Me sorprendió mi capacidad para entenderlo. ¿Sería que los soldados y la gente del pueblo hablaban una lengua más comprensible que los patricios y los romanos? Lo que no entendí fue la última pregunta. Me estudiaban con recelo, de la cabeza a los pies. Aproveché para atarme las alpargatas y recoger a Uri del suelo:

–Soy de la alquería de la Almadraba, bastante cerca de Dianium.

–¿Y eso dónde queda? Los de las provincias tienen prohibida la entrada en Roma si no es para comerciar o trabajar. ¿Qué buscas aquí?

–La casa de Flavia Tiberíades. Mis padres me han enviado a su servicio.

–¿Y tu marca?

–¿Qué marca?

–¡No tiene marca! –se escandalizó el guardia mayor y de más mala uva–. ¿Qué se le ha perdido a una pobre desgraciada como tú en el casal de los Tiberíades? La pobreza es un atentado contra la moral y el espíritu de la ciudad. ¡Estás detenida!

–¡No tengo la culpa de ser pobre!

–Las mazmorras de Sufrirás te aflojarán la lengua y te enseñarán a ser más dócil.

Aquel nombre no invitaba a conocerlas. Uno de los guardias intentó agarrarme por el brazo. Me escabullí corriendo. Mientras me seguían, oía los pitidos de mis perseguidores y de otros más alejados que se unían a la llamada. En cada esquina se sumaba una nueva pareja de guardias. En breve serían una docena. Si seguía por aquella avenida tan amplia, me apresarían. Tiré por una calle lateral, y después por muchas otras. Corría rápidamente y me adentraba en otra Roma. Una Roma humilde y sencilla, natural y familiar, de calles ruidosas y estrechas, sin empedrar, con hoyos y charcos. A diferencia de los patricios, los vecinos de esa Roma me miraban a la cara, con preocupación y curiosidad. Sin saber por dónde huía, subí una cuesta empinada. Callejuelas oscuras, revueltas, que apestaban a humanidad concentrada. No dejaba de oír los pitidos detrás, incansables como una jauría de perros. Aquello no presagiaba nada bueno.

La huida me llevó a una zona cercana a un foro. Por allí no había escapatoria. La recorrí hasta llegar a una explanada rodeada de edificios de una altura, almacenes de mercancías y corrales para el ganado. Miré atrás. Los pitidos sonaban lejanos. Quizás había conseguido despistarlos. El gentío se apiñaba en torno a un foso circular. Fue entonces cuando sentí una voz ininteligible. Entre el alboroto de broncas y gritos, dudé si meterme en la multitud o darme la vuelta y perderme entre los edificios. La multitud profirió una exclamación unánime, con toda su alma. No tuve tiempo de preguntarme el motivo:

–¡Que no escape!

Me habían vuelto a descubrir. No podía retroceder. La única alternativa era seguir adelante, por la escalera de piedra que conducía al foso. Quizás me podría mezclar entre la gente. Cada vez oía la voz más fuerte. No articulaba palabras, sino sensaciones. Era una voz de auxilio. En un abrir y cerrar de ojos, me abrí paso a empujones y codazos. Notaba el aliento de los guardias en la nuca. Aquello era un callejón sin salida. La multitud, a derecha e izquierda, impedía cualquier movimiento. En cambio, en frente, se abría una pista de arena con una portezuela

al fondo. Salté a la arena de un brinco. Me acompañó otro grito del gentío:

–¿Qué haces, estás loca?

–¡Si solo es una criatura! ¡Qué desgracia!

–¡Sal de la arena, date prisa!

Avancé unos cuantos pasos, con las rodillas doloridas y la vista clavada en la portezuela. El sol hacía brillar la fina arena y me deslumbraba. Me encontré cara a cara con cinco leones. Tiraban de unas cadenas y se movían por un sector del foso. Debía de ser una zona de entrenamiento de los espectáculos de circo que tanto les gustaban a los romanos. Había oído hablar de ello. Les encantaba todo lo que tuviera que ver con la sangre, luchas entre gladiadores y con animales. Los domadores, que hasta poco antes habían luchado a rabiar, estaban expectantes y no lograban reaccionar:

–Retrocede muy despacio. Ven hacia mí.

La Compañía Maravillas

Quien hablaba era una jovencita de mi edad. Había dos domadores en la arena. Un joven de unos veinte años y un viejecito. El joven estaba tumbado en el suelo, con un león sobre el pecho, inmovilizado. El anciano y la joven intentaron espantarlo, con una lanza y un látigo, pero el animal no se movía. La bestia se había quedado quieta, por mi irrupción en la arena.

Volví a escuchar aquella voz. Era del león. Aunque tenía al domador a su merced, sufría. Tenía miedo de los gritos de la gente y de lo que pudiera pasarle. En vez de avanzar hacia la joven que me hacía señas, di unos pasos hacia la fiera. Los demás leones observaban con curiosidad.

–Está asustado. Solo quiere que lo dejéis en paz.

–Nosotros vivimos de los animales –se quejó el viejecito–. A diferencia de los espectáculos del Coliseo, no los matamos. Viajamos con ellos de pueblo en pueblo. Hoy Alcides –señaló al león– se ha puesto muy nervioso y ha tumbado a Galcerán. Si no lo suelta, tendré que matarlo con la lanza.

El viejecito lo apuntaba decidido. Lo atravesaría y lo mataría. Algo en mi interior me dijo que no podía permitirlo. Me acerqué al león y le hablé:

–Suéltalo y no te pasará nada.

Para sorpresa de todos, el león Alcides se hizo a un lado y se reunió con sus compañeros encadenados. El público estalló en una gran ovación, con vítores y aplausos. El joven al que le había salvado la vida se incorporó, con la ayuda del viejecito y de la niña. Me puso la mano en el hombro:

–Estoy en deuda contigo. Me llamo Galcerán. El anciano de la lanza es mi abuelo, el maestro Gregalius; y aquella es mi hermana Lidia. Formamos la Compañía Maravillas.

El viejecito y la jovencita me felicitaron con abrazos y achuchones. El maestro Gregalius cojeaba de la pierna derecha. Cuando hablaba, con voz de trueno, movía una

gran cicatriz que le cruzaba de mejilla a mejilla y un parche negro que llevaba en el ojo derecho. Lidia, muy delgada, con ojos curiosos y melena rizada recogida en una coleta negra, me agarraba de los hombros.

–Por todos los demonios del averno, nunca en la vida había visto algo así. El león te ha obedecido. De no ser por ti, me habría quedado sin hermano o sin una de las bestias de la compañía.

–¡Y son carísimas, nos habríamos arruinado! –añadió el viejecito.

–¡Seguro que estabas más preocupado por el león que por el bocafloja de mi hermano!

La conversación se interrumpió de repente. Una docena de guardias saltaron al foso:

–Ella se viene con nosotros. Se ha escapado de un control y tenemos que interrogarla en las mazmorras de Sufrirás.

El maestro Gregalius dio un paso adelante y arqueó los brazos, en actitud de buscalíos:

–Váyanse a espantar criaturas y a cazar sacacuartos.

El oficial se enzarzó:

–No nos hagas perder la paciencia, viejo. Conoces la ley. Vuestra amiga tiene toda la pinta de ser una esclava fugitiva. Tenemos que determinar a quién pertenece.

Lidia carraspeó y quiso dar su opinión, con vocecita de flauta de caña:

–Hemos sido contratados por el senador Graco, primer magistrado y jefe de la cohorte de los *vigiles*, el cuerpo de vigilancia, para actuar en las fiestas saturnales. Apelaremos a su autoridad de magistrado de la *res publica*.

–Escucha, niña –intervino el maestro Gregalius–. Explícanos qué has venido a hacer a Roma y salimos de dudas.

Al escuchar que estaba buscando el casal de Flavia Tiberíades, el viejecito propuso llevarme y que ella aclarara el malentendido. Los guardias no estaban de acuerdo. Me querían atrapar para encerrarme en las mazmorras. Una vez presa, si me reclamaban desde la casa Tiberíades, era cosa suya. El maestro Gregalius tuvo una idea:

–Quizás podríamos resolver el asunto de una forma... más lucrativa...

–¿No estará insinuando un soborno? La ley castiga duramente los intentos de soborno a los miembros de la guardia de la ciudad.

–En absoluto. Escucha y lo comprobarás. Vosotros sois doce, si no he contado mal... Nosotros, ya lo ves, un hombre, un viejo y una niña: la Compañía Maravillas.

¿Y si hiciéramos un combate? El ganador se queda con la joven y con el dinero de las apuestas. Mira el grupo que tienes alrededor. Estarían encantados de apostar.

El oficial dudaba. El maestro Gregalius lanzó la pregunta al público:

–¡Pueblo de Roma!, ¿queréis asistir a un combate entre los *vigiles* de la cohorte de la ciudad y la Compañía Maravillas? Se aceptarán apuestas.

El griterío fue infernal. Quizá el oficial vio una oportunidad de ganar dinero fácil. Quizá el reto avivó su orgullo. Ciertamente, de entrada el combate parecía un disparate. Doce guardias jóvenes y de buen porte contra tres pobres inútiles. ¡El viejo había tenido una idea descabellada! Para luchar, guardias y domadores se desarmaron y cogieron unos palos largos.

Los leones, encadenados, se revolvían inquietos a un lado del foso, tiraban de las cadenas y gruñían sin parar. El maestro Gregalius cuchicheaba, en corro, con los suyos. Los guardias estaban tan confiados que se reían y saludaban al público con complacencia.

Lidia fue la primera en acercarse desafiante. El maestro Gregalius hizo las presentaciones:

–¡Admirad, pueblo de Roma, a la joven Lidia, ágil como las amazonas y hábil en la lucha, como la heroína Atalanta!

Lidia cogió algo del suelo. Y lo lanzó contra uno de los guardias. Era una boñiga de león. El público se rio de lo lindo. ¡Qué provocación! El guardia avanzó e intentó aventarle un guantazo. Lidia esquivó el golpe y lo cogió del brazo, lo giró y lo lanzó con la fuerza del atacante. Lanzó el pesado cuerpo de aquel individuo por los aires, hasta caer en el corro de leones encadenados. Uno fuera de combate.

El público la ovacionó largamente. Las apuestas se animaron. Los otros guardias se quedaron boquiabiertos. Resultaba increíble que una niña escuálida hubiera tumbado a un gigantón diez veces más grande. Lidia aún no había acabado el primer asalto. Realizó una cabriola, rodó por el suelo para situarse tras dos guardias. Tomó impulso con las manos en el suelo y lanzó un puntapié a la barriga de otro adversario. Al caer, se llevó al compañero por delante. Galcerán los recogió y los mandó al corro de los leones. Ya había tres eliminados.

El gentío enloqueció. No hacían más que lanzar monedas a la arena. Tres guardias gimoteaban por el suelo, rodeados de leones, y solo había intervenido Lidia. Entonces, el maestro Gregalius desenvainó una vara colgada a la espalda:

–Admirad, pueblo de Roma, la magia de la vara del

brujo Arestes, el último de los druidas. Él me regaló la vara, de brujo a brujo.

A primera vista, parecía una vara normal. De repente, la sacudió y esta se alargó hasta multiplicar su longitud.

Tenía una flexibilidad y una dureza increíbles. En nada, dejó fuera de combate a tres guardias como si fueran moscas. Y Lidia y Galcerán los enviaron a los leones.

Ya quedaban la mitad. Fue el turno de Galcerán. Extendió los brazos en cruz y desenrolló una cuerda en cada mano. Se movía con los movimientos hipnóticos de una serpiente. El maestro Gregalius lo presentó:

—Admirad, pueblo de Roma, al guerrero Galcerán, descendiente de los argonautas, servidor del gran Hércules y digno lugarteniente de Cástor y Pólux.

En eso, tensó las cuerdas y las lanzó contra el cuello de dos guardias. Las cuerdas los apretaban tan fuerte que perdieron el conocimiento. Solo quedaban cuatro. Se agruparon, espalda contra espalda, rodeados por la Compañía Maravillas. El oficial no quería recibir más:

—Entendido. Ya tenemos suficiente. Hagamos un trato: repartimos las apuestas y permitimos que la joven vaya al palacio de los Tiberíades.

El maestro Gregalius sonrió:

—Me parece una propuesta razonable.

Flavia
Tiberíades

Flavia Tiberíades me observó con desaprobación. De proporciones esféricas y contundentes, redonda e impasible como una luna llena, no tardó en recuperar el gesto de severidad y altivez que la caracterizaba. Respiró y los pliegues de la túnica cobraron vida propia, en un pequeño terremoto. Su pechera subió y bajó. Sus dedos como porras tamborilearon en el mármol de la estatua de Juno que presidía el patio de la casa. Su anillos tintinearon. Pensé que se estaba preparando para articular un grito. De aquella papada y de aquel rostro mofletudo, con el pelo recogido en un moño de aire divino y una diadema de oro y piedras preciosas, solo salió una voz de flautín, estridente y desagradable:

–Increíble. La gente de provincias estáis hecha de otra pasta. ¡La que has montado en tu primer día en Roma! Bien tranquilos se deben de haber quedado tus padres al enviarte conmigo.

Lidia y Galcerán, y una pareja de guardias, esperaban el desenlace a la entrada del atrio:

–Me han enviado porque este año la cosecha ha ido mal y no podían pagaros.

Flavia fue hacia el interior del *domus*, mascullando maldiciones:

–Secunda, indica a los guardias que se retiren. Me la quedo.

–¿Está segura, señora? La chica parece el mismísimo demonio. Sería mejor dejarla en manos de los guardias. Una temporada en las mazmorras de Sufrirás le enseñaría a ser más prudente.

Flavia la retó, impaciente:

–¿Y quién ha pedido tu opinión? ¿Me pagarás tú lo que me deben los padres de la criatura? Si el administrador de mis tierras en Dianium lo ha decidido así es porque me conviene. Ya la has oído. La cosecha de este año ha sido desastrosa. O la acepto de sirvienta, o los dejo sin tierra. ¿Y para qué quiero yo una tierra baldía? No encontraría a nadie tan desesperado para cultivarla. Aquello es una

guarida de bárbaros. Mi primer marido siempre me lo repetía en sus cartas, cuando era pretor en Saetabis. Mi segundo esposo, que pasa la mayor parte del año velando por nuestros intereses en Hispania, dice lo mismo. Prefiero aceptarla y esperar a que el año que viene puedan pagar. Encontraremos algo en lo que resulte de utilidad.

Trazó un molinete desganado con la mano. Secunda inclinó la cabeza y desapareció por el pasillo. Seguí a Flavia al interior de la casa. Se volvió de repente. Frunció el ceño y se me pegó a la cara:

–Tienes amistades poderosas...

–Los miembros de la Compañía Maravilla se han mostrado muy agradecidos conmigo...

–No me refiero a esa panda de piojosos desgraciados, sino a la persona que te ha salvado de recibir una veintena de palos por crearme problemas. Me ha enviado una nota poco antes de tu llegada.

Flavia desplegó un pergamino diminuto. Leyó con voz afectada:

He venido a Roma reclamada por el Senado para realizar una misión de vital importancia. Pronto llegará a tu casa una joven esclava procedente de Dianium. Acógela bajo tu protección.

Te agradecería que me la cedieras temporalmen-
te durante mi estancia en la ciudad.

Selena de Caravante

–La dama de gris...

–La nota me la ha traído, pegada a la pata, ese pajarito tan gracioso. –Y señaló al oriol posado en la ramita de un árbol–. ¿De qué conoces a la bruja Selena de Caravante?

Recordé los comentarios que había oído en el puerto. Pero vi más prudente no decir nada. Flavia me estudiaba con desconfianza. Estaría preguntándose qué interés tenía Selena en mí. Con la misma intensidad con la que yo me preguntaba qué relación había entre aquella patricia romana y la bruja más famosa del Imperio:

–Ya hablaremos de eso. Ahora tienes que quitarte toda esa roña. La gente de provincias vivís en contacto con la naturaleza. Tenéis un espíritu salvaje y, en el fondo, todavía sois bichos. Es normal, es normal... Nosotros, en cambio, los ciudadanos de Roma, vivimos en un mundo avanzado y civilizado. Los dioses, en su infinita sabiduría, decidieron darnos conocimiento para gobernar, y a vosotros fuerza para trabajar. ¡Pero tú estás muy delgada y demacrada! ¿No tendrás alguna enfermedad infecciosa?

–No, señora. Es la miseria. En casa somos pobres.

–Ay, no digas cosas desagradables... ¡Secunda! ¡Secunda! ¿Por qué tardas tanto?

A los tres o cuatro berridos, apareció la criada. Era una mujer joven, pero muy envejecida. Enjuta y de pocas palabras, apretaba los labios como si fueran de piedra. Caminaba despacio, limpiándose en el delantal las manos enharinadas.

–¿Por qué has tardado tanto? ¿Ya se han ido los guardias?

–Sí, señora. Estaba haciendo el pan. No puedo hacer dos cosas a la vez.

–Excusas, siempre excusas. A ti sí que te iría bien una temporada en las mazmorras de Sufrirás. Desde hoy esta esclava está a mi servicio. Pertenece a la casa Tiberíades. Dale de comer y... prepárala adecuadamente.

–¡Pero yo no soy una esclava! ¡Soy una sirvienta!

–¡Silencio, impertinente! ¿Es que no conoces la ley romana? Cuando una persona no puede pagar sus deudas, pasa a ser esclava de su deudor. Y tú serás la mía a partir de ahora. Quizás algún día si tus padres recaudan dinero suficiente para liberarte... Te puedes sentir afortunada. Mejor trabajar para mí que en una casa con un amo lascivo. Si Selena te reclama es porque debes de tener alguna cualidad especial... ¿Cuál es?

–No lo sé, señora.

–Me temo que no me lo quieres decir. Tú misma. No es ningún secreto el motivo que ha traído a Selena a Roma. La ciudad está inquieta desde hace meses. Se respira la revuelta. ¿Crees en las maldiciones?

La pregunta me asustó.

–¿Qué clase de maldiciones?

Flavia fue hacia la estatua de Juno:

–Existen figuras protectoras. Y otras que esconden un maleficio. Espero que Selena resuelva el misterio antes de que corra más sangre.

El agror y el dolor, cuanto antes mejor

–¡Caramba, qué hambre tenías! ¡Comes como una lima!

Secunda cortó otro trozo de pan y una loncha de queso. Blanca, una criada de mi edad, llenó una jarra de leche. En la cocina reinaba un constante ir y venir. Elías y Enoc, los mozos, asomaban la cabeza con cualquier excusa siempre que olían comida. Mostraban una habilidad extraordinaria para arramplar ahora una fruta, luego una galleta, y no irse nunca de vacío. Mientras uno distraía a Secunda y le daba conversación, normalmente para halagarla, el otro picoteaba como los mirlos. Y enseguida intercambiaban los papeles. Delgados y larguiruchos, pelirrojos y pecosos, exactamente iguales.

Entre ellos hablaban una lengua desconocida para mí. Blanca no tardó en aclararme el misterio:

–Nacieron en Germania. Allí todos son como ellos, de piel clara y pelo rubio o pelirrojo.

–¿Y cómo llegasteis a Roma?

Los jóvenes se encogieron de hombros. Respondió Enoc. En ese momento tenía la boca medio vacía:

–Igual que tú. Nos vendieron tras una campaña romana contra la frontera del Rin y nos compró la señora.

–¡A mí no me han vendido! He venido por propia voluntad, para saldar una deuda, temporalmente. ¿Vosotros sois esclavos?

Los dos se rieron:

–A la señora no le gusta esa palabra. Es de un pueblo civilizado. El escogido por los dioses para gobernar el mundo. Prefieren los términos *propiedades* o *trabajadores*.

–En la práctica, es lo mismo –añadió el otro mientras se tragaba un trozo de embutido–. No podemos salir de la ciudad, ni casarnos, ni tener hijos ni aceptar otros trabajos sin permiso de la señora. La ley no nos reconoce como personas, sino como «cosas»... Trabajamos noche y día a cambio de un trozo de pan. ¡Y damos gracias cuando no recibimos palos!

–No la asustéis –les advirtió Secunda–. ¿Qué coméis? ¡Qué ruina de trabajadores! Sois de comer, beber y a la muerte no temer. ¿Y tú cómo te llamas?

–Diania.

–¿Diania? –resopló Blanca–. No creo que tu nombre le guste a la señora. ¿Aún no te lo ha cambiado?

–¿Por qué motivo me lo tendría que cambiar?

–Para demostrar que manda en ti y que le perteneces. Una persona puede cambiar el nombre a las de su propiedad siempre que quiera. A mí me lo cambió.

–¿Cómo te llamabas antes?

–Vengo de Egipto. La señora consideró que mi nombre, Matwa, era impronunciable. Y, como mi piel es oscura, me puso Blanca para hacer la gracia.

–Suerte que no te puso Oliva o Bruna.

–Ni a ti Calabaza, Elías.

–También te podía haber puesto Alba o Aurora –replicó Enoc, pellizcando un dulce...

–¡Oh, no! –se indignó Secunda, defendiendo el pastel con un cucharón–. Alba y Aurora son nombres más romanos. Los propietarios no pueden compartir nombre. No sería correcto.

–Tú, Secunda, ¿naciste en Roma?

–No. Soy del norte de la península, de Liguria. Mi padre era un legionario de más al sur, de Etruria, y yo soy la segunda de seis hermanos, de ahí el nombre. Adquirí la condición de ciudadana romana al licenciarse. Soy la única sirvienta de la casa que no es esclava. Pero como si lo fuera: nadie me hace ni caso.

Mientras hablábamos, yo atiborraba a Uri a escondidas con migas de pan, en las piernas. Vi poco prudente revelarles la presencia de mi acompañante.

–Ey, ¿qué tienes debajo de la mesa?

–Nada.

–No mientas.

Secunda se inclinó para mirar bajo la mesa. Uri se asustó al ver su cara de caballo y enseñó los dientes.

–¡Una bestia! ¡Esta bárbara ha traído una bestia a casa! ¡Blanca, coge la escoba y échala fuera enseguida! ¡Qué asco! ¡Abre las ventanas!

Blanca se acercó con la escoba, no muy decidida. Uri saltó sobre la mesa y erizó el lomo. El gesto asustó incluso a los gemelos. Saltó a la cabeza de Secunda y después a la de Blanca, antes de esconderse sobre la balda de un armario. Secunda gritaba y hacía aspavientos como una endemoniada. Blanca se reía a rabiar:

–¡Coged al bicho! ¿Habéis visto sus dientes? Podría arrancarnos el brazo de un mordisco. ¡Parece una rata gigante! Odio las ratas. Y la señora, más aún.

Me llegó la solución al vuelo:

–Entonces estáis de enhorabuena. Uri es un excelente cazador de ratas. En casa corría por la despensa y el establo. No dejaba ni una.

–¿Qué quieres decir? Me parece que es una ardilla... –replicó Elías.

Blanca le dio un codazo y se calló. Secunda la observaba con desconfianza, armada con el hacha de descabezar pollos. Sonó una campanilla, acompañada de una sarta de gritos. La señora requería su presencia. Secunda dejó el hacha en la mesa y salió a todo correr:

–Ya aclararemos las cosas. No quiero volver a ver a esta bestia asesina, hambrienta de sangre. Blanca, llévate a la nueva a que tome un baño. Su hedor me marea. Después, que descanse. El viaje habrá sido largo. –Y siguió, esta vez dirigiéndose a mí–: Mañana empiezas a trabajar. En Casa Tiberíades nos levantamos al amanecer y no nos acostamos hasta que la señora se duerme. Y recuerda que la señora te ha ordenado que te presentes, a primera hora de la mañana, en el Hostal de las Hespérides, ante Selena de Caravante.

Me di un baño en una alberca del jardín. Era primavera y el agua no estaba precisamente templada. El frescor me reconfortó. Había algunos peces de colores que se acercaban curiosos y salían disparados al menor movimiento. Al rato, se acostumbraron a mi presencia y nadaban a mi alrededor tan tranquilos. Entre los árboles y las plantas ornamentales con las flores más variadas, admiraba la fachada interior del casal de los Tiberíades. Un palacio magnífico, de bloques de piedra y entrada con frontispicio y cuatro columnas. Una red de canales y fuentes cruzaba el jardín y lo sumía en una atmósfera mágica y somnolienta. Un murmullo constante, una brisa de jazmines y sombras frescas. La vida en Roma no parecía tan terrible como me imaginaba.

Blanca me trajo una infusión:

–Tómatela al salir del agua. Te sentará bien...

Los barracones de los esclavos estaban al lado, a un extremo del huerto. Engullí la infusión, de gusto agridulce. Al saborearla me pareció reconocer adormidera y amapola. Me acosté en el cuarto que compartiría con Blanca. Dos colchones de paja y un par de cajones de madera completaban el mobiliario. No tardé en coger el sueño. Me despertó un dolor repentino e hiriente. Una quemadura intensa en el brazo me hizo abrir los ojos

de golpe, medio adormilada, la vista nublada. Distinguí a Secunda junto a la puerta. Y a los gemelos: uno me sujetaba los hombros, y el otro retiraba de mi brazo un hierro candente.

Secunda se giró al terminar la operación:

–Ya está. El agror y el dolor, cuanto antes mejor. Dejémosla descansar. Dormirá hasta mañana. Cuando despierte, la marca no le quemará tanto.

Me habían marcado con el símbolo de la casa Tiberíades. Ya era una esclava.

La Bruja del Viento

Al día siguiente, a primera hora de la mañana, me presenté en el Hostal de las Hespérides. Blanca me acompañó. A su lado no me sentía tan desamparada por las calles de Roma. Aún me escocía la marca del brazo. El hostal se hallaba más allá del Palatino, donde comenzaba el Viminal, otras de las siete colinas de la ciudad. Cruzamos la plaza del Foro y Blanca me señaló el templo de Vesta, diosa protectora de la ciudad. Me mencionaba el nombre de las calles y de los edificios principales para que me familiarizara con la ciudad. Roma era tan grande que no se acababa nunca y era fácil perderse:

–¡Qué arco tan enorme! ¡Está lleno de grabados!

–Es el arco triunfal erigido por el Senado en honor a Augusto. Conmemora la victoria de Actium sobre Marco Antonio y Cleopatra. ¿Conoces la historia?

–Oh, sí. Los legionarios romanos que se instalaron en las tierras de Dianium me hablaron de ella. Decían que fue una batalla heroica.

Blanca bajó el tono de voz:

–Eso es porque te la contaron los romanos, los vencedores. La historia cambia mucho según quien te la cuente. Cleopatra fue la última reina de Egipto, mi país, ¿sabes? Enamoró a un general romano, Marco Antonio, como antes había enamorado a Julio César. Y declararon la guerra a Roma para evitar que el reino se convirtiera en una provincia romana. Augusto los derrotó. Y desde entonces Egipto pasó a formar parte del Imperio. Muchos de sus habitantes, antes personas libres, fueron vendidos y esclavizados, como sus padres. Por eso yo soy esclava. Si los romanos hubieran perdido la batalla, ahora Egipto sería un reino independiente y yo viviría libre y feliz en mi aldea, junto al Nilo.

Dejamos atrás otro templo impresionante, el de Cástor y Pólux, y llegamos al Hostal de las Hespérides. Justo cuando íbamos a entrar, vi que tenía una clientela cuando menos singular. Al Hostal de las Hespérides no iban comerciantes, ni funcionarios ni arrieros de paso, sino unos clientes más selectos. Las paredes estaban decoradas con pinturas de los doce trabajos de Hércules, de la guerra de Troya, de Jasón y los argonautas, de Cástor y Pólux, y hasta vi una que luego identifiqué con Atalanta, y de Hipólita, reina de las amazonas. Era el hostal preferido de los aventureros, de los guías de las legiones y de los buscavidas. Gente inquieta, de mirada astuta y vida agitada. De mala vida, habrían dicho mis padres. Te miraban con desconfianza, una mano en los dados, otra en el puñal. Blanca volvió a la casa Tiberíades y me dejó a la entrada tras asegurarse de que Selena se hallaba en el edificio.

No tardó en bajar por las escaleras, con la vara color ceniza brillante y un zurrón. Enseguida me dio la carga, para que la llevara:

–¿Preparada? Vamos.

–¿Dónde vamos?

–Al templo de Vesta.

Selena andaba a buen paso. Decidida y de pocas palabras, parecía tener controlada la ciudad:

–¿Por qué has querido que te sirviera? No me conoces de nada.

–No todos los días encuentras a alguien con la semilla. Tú tienes el don de entender a los animales. Y de que ellos te hagan caso. Es un don muy escaso que conviene educar. Debo resolver unos asuntos en Roma y me vendrá bien tener una sirvienta. Veo que ya te han convertido en esclava, oficialmente.

Llevaba la marca tapada con la manga de la túnica. ¿Cómo la había visto?

–Oh, he deducido que te habían marcado. Por el hecho de haberte colgado el zurrón a la espalda, en lugar de a la derecha. Y por la forma de tocarte el hombro a cada rato. Acostumbrada a vivir en el campo, entre animales, y a correr todo el día por la montaña, al principio te costará adaptarte un poco a la vida de Roma.

–¿Y cómo sabes que vivía en la montaña y que criaba animales?

–Por tu color de piel. Se nota que has tomado bien el sol. No el sol de los campos de trigo, los viñedos o los bancales de olivos, sino el sol de la montaña. Además, no te cansa andar. Debías de caminar bastante. Por otro lado, identificaste a mi pájaro. –Y señaló al aire. El oriol seguía volando y se paraba de cuando en cuando en los tejados–. Una persona de ciudad o poco acostumbrada al campo no habría tenido ni idea de la especie.

–No querría ser indiscreta, pero he escuchado a varias personas referirse a ti como a...

–¿Una bruja?

–Sí.

–Cuando un hombre tiene estudios, lecturas y conocimiento de letras y ciencia, se le llama sabio. Cuando es una mujer, la acusan de bruja. Mi maestra fue una sacerdotisa druida de Britania. Tenía siete discípulas y a todas nos educó para ser mujeres sabias e independientes. En Britania el pueblo nos respetaba. Pero cuando llegaron los romanos prohibieron nuestras creencias y nos acusaron de brujas. Me marché a la Galia para completar mi formación y después, a Aquitania. Vengo de tantos lugares que también me llaman la bruja Luna del Viento.

–¿Y qué te ha traído a Roma?

–El miedo –respondió de forma enigmática–. El miedo de los romanos. Sus ejércitos dominan el mundo. Pero temen las fuerzas que no comprenden. He aquí el templo de Vesta. Lo habitan otras brujas...

El misterio del templo de Vesta

En aquella época, mis conocimientos sobre la religión de Roma eran muy escasos. Cada rincón del Imperio tenía sus propias creencias y sus dioses. En casa, preparamos un altarcito dedicado a Gea, la diosa madre, y también a otras divinidades menores relacionadas con la naturaleza. Con el tiempo, descubrí que los romanos rezaban a un montón de dioses, uno por cada problema o necesidad de la vida. Incluso el emperador, Augusto, sería elevado a la categoría divina después de morir.

Los dioses más importantes eran Júpiter y Juno, gobernantes del resto. Pero había otros, como Minerva, diosa de la sabiduría; Febo, dios del Sol; Neptuno, señor de los mares; Marte, dios de la guerra; Baco, del vino y de las fiestas; Ceres, diosa de la agricultura; Diana, de la caza; Venus, del amor; Plutón, dios de los infiernos... Además, coexistían con los dioses de la ciudad de Roma, un buen grupo, y aún había que añadir las divinidades menores, los espíritus elementales de la naturaleza, de las casas y de la familia.

El templo de Vesta era mucho más pequeño y antiguo que el de los gemelos Cástor y Pólux, enfrente. Accedimos por una escalinata. De planta esférica, rodeado de columnas estilizadas, emanaba un extraño brillo del interior:

–¿A quién está dedicado el templo?

–A la diosa Vesta, protectora de las casas y del hogar. Es uno de los primeros templos de la ciudad. ¿Ves la pila con la llama?

–Sí, en el centro.

–Es el fuego sagrado que deben mantener encendido noche y día las vestales. Se dice que lo trajo Eneas cuando llegó fugitivo de Troya. En toda las casas romanas verás un fuego, en el hogar o en alguna otra parte. Representa el fuego original de la fundación de la ciudad.

–En mi pueblo también teníamos la costumbre de mantener el hogar siempre encendido o con brasas. ¿Qué hemos venido a hacer?

–Buscamos a una de las sacerdotisas. Nos debe llevar ante la vestal máxima, en el interior del palacio de las vestales.

Una mujer con túnica blanca se acercó. Llevaba una lámpara que colgaba de una cadena. Saludó a Selena inclinando la cabeza. Sin decir ni mu, se giró y la seguimos al exterior por una puerta lateral. Un pasadizo nos condujo a un edificio anexo. Tenía un patio inmenso, con dos pisos de columnas de mármol que formaban dos largas galerías:

–Te esperábamos, Selena. Que los dioses te sean propicios.

–Me alegro de volver a verte, Aulia.

Aulia debía de rondar los treinta años. Alta y de gran belleza. Llevaba una túnica blanca, como la otra vestal, pero decorada con hilos de oro. También llevaba una lámpara. Me miró interrogante:

–Es mi sirvienta. Y quién sabe si también discípula. Llévame a la capilla. No podemos perder tiempo.

Las dos mujeres caminaron, una junto a otra, por el interior del patio de columnas:

–¿Quién te ordenó que te presentaras en Roma?

–El senador Graco.

–¿El emperador no está al corriente?

–Graco no tiene costumbre de dar más detalles. Solo me describió el problema. Y me exigió que actuara con la mayor discreción.

–Le costó decidirse a pedirte ayuda. Han pasado unas semanas preciosas. Cada vez es más difícil de ocultar. Y el pueblo comienza a sospechar la presencia de fuerzas demoníacas en la ciudad.

La vestal Aulia se paró ante una puerta cerrada. Sacó una cadena dorada de la que colgaba un objeto metálico. Selena se fijó en la sorpresa que me produjo:

–Es una llave. Sirve para abrir puertas y cofres. ¿No habías visto nunca una en tu país?

En Dianium, en toda las casas se dejaban las puertas abiertas por el día. Y solo de noche se cerraban por dentro, para evitar la entrada de intrusos o animales salvajes. Aulia giró la llave y la puerta cedió, con suavidad. Bajamos por una escalera de caracol a la luz de la lámpara. La escalera nos condujo a una cripta circular, con un pedestal vacío.

–Aquí es donde se encontraba la esfinge. Desde que Augusto ordenó que custodiáramos el templo de las vestales. Cerrada y a oscuras. Como un secreto.

Selena se acercó al pedestal y recorrió la cripta con los ojos:

–¿Cómo descubristeis que la esfinge había desaparecido?

–Encontraron la puerta abierta de par en par.

–¿Cuándo exactamente?

–La mañana que se descubrió el asesinato del emperador Claudio Tulio Escipión.

–Y al coincidir el asesinato del emperador con la desaparición de la esfinge, se creó una relación de causa efecto. Desaparece la estatua de una esfinge, que llevaba más de veinte años encerrada en el templo, y la culpan de la muerte de un senador.

–No es una estatua cualquiera, Selena. Es la esfinge de la tumba de Cleopatra. El general Agripa quiso llevarse un recuerdo de la tumba de la última reina de Egipto, como prueba de su muerte. La esfinge con la joya del escarabajo dorado en la frente. Ambos objetos fueron entregados a Augusto, como parte del saqueo de Egipto, tras la victoria de Actium.

–Conozco la leyenda. Augusto trasladó la esfinge a los jardines de su palacio y le regaló a su prima Livia, recién nacida en Pompeya, el escarabajo. Poco después, se empezaron a producir hechos extraños en el palacio. Se decía que la esfinge cobraba vida por las noches y recorría los pasadizos buscando el escarabajo de oro. Algunos familiares de Augusto enfermaron misteriosamente y murió Marcel, su consejero. Augusto ordenó custodiar la esfinge en el templo de Vesta. Y el escarabajo, en el templo de Júpiter, en Pompeya. Y terminó la maldición.

–Cierto. Todo estuvo en calma hasta la noche que asesinaron a Claudio Tulio Escipión.

–Uno de los senadores más influyentes. Del linaje de los Escipiones, militares ilustres, vencedores de Aníbal y Cartago. Una pieza importante, ahora que Augusto está llegando a su fin y todo son movimientos para encontrarle un sucesor. ¿La cerradura de la puerta estaba forzada?

–No, eso es lo más extraño. Dejaron la puerta abierta y las vestales descubrieron la desaparición de la esfinge. Cuando me avisaron, fui la primera en bajar a la cripta. La esfinge había volado.

–La esfinge, si mal no recuerdo..., mide como una persona y debe de pesar, ¿cuánto, diez o quince veces más?

–Sí. Es de granito. Con incrustaciones de lapislázuli. No es fácil de transportar. Harían falta una docena de porteadores. Y los hombres tienen prohibida la entrada al templo de las vírgenes vestales. No se han llevado la esfinge. ¡Se ha ido sola!

–Querida Aulia –suspiró Selena–, he conocido muchos templos, por todo el mundo, con estatuas de todo tipo de divinidades. Y te puedo asegurar que jamás he visto una estatua que se pusiera a andar.

–La esfinge no se limita a andar. También asesina. Es una esfinge malvada. ¡El castigo de la última reina de Egipto!

–Yo me inclino por un responsable humano, más que por uno sobrenatural.

–¿Seguro? Pero tú eres una bruja...

–Por eso mismo. Conozco mejor que nadie la naturaleza humana. La muerte de un personaje importante no resulta indiferente; siempre beneficia y perjudica a alguien, de manera directa o indirecta. Para empezar, si hay más asesinatos de personajes principales, circunstancia probable, y se esparce la idea de una esfinge maldita…, ¿eres consciente de quién será la primera perjudicada?

–¡Claro! La esfinge tenía que ser custodiada en la casa de las vestales por orden expresa del emperador. Y hemos fracasado. El fracaso de las vestales se paga… con la muerte. Ya ha pasado con otras calamidades. El pueblo o el Senado podrían exigir la muerte de la vestal máxima para aplacar la ira de los dioses.

–Sí. Te sacrificarían. Y, mientras, se desviaría la atención y no se buscarían responsables de los asesinatos entre los candidatos a suceder a Augusto. Pero te aseguro que no he regresado a Roma para que unos listos se burlen de mí.

–¿Unos listos? Hablas de un modo que da miedo, Selena.

–Mira, ¿qué ves en el suelo? Diania, alumbra con la lámpara.

Selena señaló las losetas que rodeaban la esfinge y pasó la mano por el mármol del pedestal vacío:

–No veo nada…

–Exacto. No ves nada en el suelo. ¿Y en mi mano? Tampoco. ¿Cómo puede ser que una superficie cerrada

desde hace unos veinte años esté totalmente limpia y que, en cambio, a seis pasos de las paredes el suelo esté lleno de polvo?

–¿Qué insinúas?

–No insinúo nada. Afirmo con pruebas que la esfinge no desapareció tan alegremente como pensáis.

Se agachó y rascó uno de los bordes del pedestal, con una especie de pinzas que sacó del zurrón. Abrió una grieta:

–Avisad a las demás vestales. Tenemos que mover el bloque de granito.

Aulia no entendía nada. Pero la obedeció. Al poco, reaparecieron con cinco vestales más y unas cuantas esclavas del templo. Todas empujamos el bloque de granito con fuerza. Poco a poco, lo arrastramos unos palmos. Quedó un agujero al descubierto:

–Diania, ¿has traído a tu amiguito?

–¿A Uri?, ¡claro! –Lo tenía en un saquito colgado del costado.

Siguiendo las indicaciones de Selena, hicimos que Uri mordiera un cordón extraído del zurrón. Después, le indiqué que se introdujera por el agujero abierto a los pies del bloque de granito. Uri me obedeció. Cuando volvió a salir, habiendo clavado el cordón, Selena prendió la

punta del cordón con la lámpara. La mecha se encendió en un santiamén. Introdujo la llama en el interior del bloque. Entonces, iluminó lo que se ocultaba. Por un instante, pudimos contemplar un rostro pálido, con ojos negro brillante: la esfinge oculta bajo la cripta.

–¿Pero qué sentido tiene? No lo entiendo.

–Es bien sencillo, Aulia. La esfinge es demasiado pesada para sacarla de la cripta sin levantar sospechas. Sin embargo, el subsuelo es de tierra. Era más útil levantar las losetas y cavar un agujero para enterrar la esfinge y ponerle encima un bloque de granito. Se lograba el mismo efecto: hacer creer que la esfinge había cobrado vida debido a la maldición. Y, por tanto, culparla de cualquier misterioso asesinato futuro. Eso tiene bien poco de sobrenatural. Y sí mucho de humano. Un engaño. *Nihil novum sub sole.* ¿No dicen eso los romanos?

El monstruo nocturno

El senador Sextus Graco, Noctua, debió de leer con frialdad la petición de Selena. Como buen patricio, trabajaba por la mañana, y por la tarde descansaba. Además de senador, había obtenido el cargo de pretor y primer magistrado de Roma. Eso le convertía en el jefe de la cohorte de los *vigiles*, la guardia urbana. El emperador Augusto confiaba en él para gobernar la capital y mantener el orden de las calles. Se había ganado el apodo de Noctua, «lechuza», precisamente porque desde su cargo espiaba y se enteraba de todo.

Aquella tarde la había pasado en las termas del Aventino, donde se reunía la flor y nata de los patricios de Roma. En las termas, desde el asesinato del senador Escipión, todo eran murmuraciones. Él era el jefe de los magistrados del cuerpo de *vigiles*; a él le correspondía investigar a los posibles responsables. Pero la opinión pública, tanto la del pueblo como la de la nobleza, ya había encontrado un culpable: la maldición de la esfinge.

Por esta razón, la petición de Selena de Caravante le incomodó. Selena le pidió autorización para visitar y registrar la escena del crimen, en la villa Andrónica, donde el senador fue asesinado. No pudo hacer más que aceptar. Pero exigió la presencia de un centurión de la Guardia Pretoriana. Y que, al acabar, mantuvieran una reunión discreta en la casa Tiberíades.

Fiel a mi nueva ocupación, acompañé a Selena hasta la colina del Quirinal, a orillas del Tíber. En la falda norte, se levantaba la villa Andrónica, residencia de los Escipiones. Mientras caminábamos por las calles de la ciudad, Selena me señaló la elevación del Quirinal, donde destacaba la blancura de los mármoles del palacio:

–Los Escipiones son una de las familias más importantes de Roma. En los últimos años, el emperador Augusto los ha satisfecho con cargos y tierras. Pero los Escipiones son defensores de la República. Y Augusto quiere perpetuar el Imperio.

–¿No defienden la República todos romanos?

–Julio César fue asesinado con la excusa de que pretendía convertir la República, el gobierno del Senado, en un imperio con él de emperador. Augusto en un principio aseguró que respetaría el gobierno republicano. Pero ha gobernado Roma como un verdadero emperador. Tiene una edad avanzada, y, ahora que su muerte se acerca, se han reactivado las antiguas facciones y han aparecido otras nuevas. La desaparición de Claudio Tulio Escipión debilita al partido republicano. Y beneficia a los partidarios de nombrar a un nuevo emperador que concentre el poder. Se postulan varios candidatos...

–¿Pensáis que el asesinato de Escipión responde a motivos políticos?

–Su muerte está envuelta en misterio. Murió en una habitación cerrada, en la segunda planta del palacio. El único acceso a la habitación donde dormía es un balcón, situado a gran altura. Solo podría subir allí una criatura alada.

–Como la esfinge...

–Además, uno de los guardias y varias esclavos aseguran que esa noche escucharon un batir de alas y que vieron dibujada una silueta voladora, por el cielo. Una visión que, desde entonces, se ha repetido muchas noches en distintos puntos de la ciudad. El pueblo está asustado.

Y, cuando las ovejas balan de terror, los lobos ríen de emoción.

El centurión, Maximus Apis, de la Guardia Pretoriana creada por el emperador Augusto, esperaba en la puerta de la villa Andrónica. Era un joven de buen porte, con el uniforme y la armadura del cuerpo de la Guardia. El casco emplumado, la nariz altiva, la mirada nerviosa y el gesto irascible le daban un aire de un pollo inquieto. Parecía tener más interés en observar los movimientos de Selena que en colaborar en las investigaciones. Cruzamos los jardines, entre estatuas de antepasados gloriosos de la familia Escipión y fuentes ocultas entre arbustos perfectamente recortados por los esclavos jardineros. Maximus aprovechó para entablar conversación:

–Me han dicho que fuiste capaz de encontrar la esfinge, que estaba enterrada en el templo. He de confesar que me sorprendió tu eficacia, maga Selena. ¿Cómo lo supiste?

–Me lo dijeron los dioses de la cripta.

Maximus se aturdió y tropezó con una de las losetas sueltas del jardín:

–¿Te puedes... comunicar con los dioses?

–¿Por qué crees que tu jefe, el senador Graco, me ha hecho venir desde la otra punta del Imperio? Soy una bruja, y tengo la habilidad de hablar con objetos y animales. Le pregunté a la cripta dónde estaba la esfinge. Y la cripta me respondió.

–¡Por Cástor y Pólux, es increíble! ¿Y también te dijo quién la enterró...?

–Todo se sabrá a su debido tiempo... Por el momento, nos tenemos que centrar en el asesinato del senador Escipión. ¿Qué información me podéis dar sobre los hechos?

–La noche del asesinato, el senador dormía solo. Su esposa, Quintiliana Justia, estaba pasando unos días en Capua con unos familiares. La mayoría de los esclavos dormían fuera del edificio principal. Menos uno, que lo hacía en la puerta de la habitación. Un guardia vigilaba el acceso del jardín, por donde hemos entrado. Y dos perros merodeaban sueltos por la propiedad, como cada noche.

–¿Qué clase de perros? ¿Los podemos ver?

El centurión nos llevó hasta las habitaciones de los esclavos. Tras una valla, había dos perros de dimensiones considerables:

–Son mastines –masculló Selena–. Muy feroces para defender de los lobos al rebaño. Pero de poca utilidad ante los ladrones. Están siempre cabeceando. ¿Quién vio la silueta voladora? ¿El guardia de la puerta?

–No. Uno de los jardineros. Aquel...

–Hazlo venir.

El jardinero se acercó con el corazón en un puño. Era esclavo, como la práctica totalidad de los trabajadores del senador. Y era consciente de que su vida no valía nada. Selena lo interrogó:

–¿Qué viste exactamente la noche que murió tu amo?

–Veréis, yo me había levantado para ir, ya sabéis... Tengo una edad y no puedo aguantarme, me levanto un par de veces todas las noches.

–Describe tus movimientos con la mayor precisión.

–Vivo en esas casitas del fondo. Y para orinar siempre doy unos pasos hacia ese cedro. ¿Lo veis? –Selena asintió–. Cuando volvía a casa, escuché unos golpes y ruidos procedentes del edificio. Y después, como un ruido de alas. De alas grandes. Levanté la vista y vi una sombra negra que se cernía desde el balcón del primer piso, justo donde se hallan las habitaciones del senador; cruzaba todo el jardín y desaparecía tras aquellos cipreses. Después, encontramos el cuerpo del senador, a los pies del balcón.

–¿Estás seguro del recorrido de la sombra? ¿Desde el balcón hasta los cipreses? ¿No hacia ningún otro sitio?

–No. Estoy seguro. Se fue directa hacia los cipreses.

–¿Qué hay detrás de los cipreses? Veo un muro...

–La calle...

–Una sombra voladora muy inteligente. No se perdió dando vueltas por el jardín... ¿Y los demás esclavos?

El jardinero llamó a los demás esclavos. Todos afirmaron que los despertaron gritos y ruidos que parecían salir del dormitorio del senador. No tuvieron tiempo de entrar en casa. Como el jardinero, vieron la sombra voladora. Y confirmaron su declaración. Selena los escuchó impasible.

–Entremos en la casa. Quiero estudiar el escenario del crimen.

El interior de la villa Andrónica iba en consonancia con el exterior. La galería de columnas de la fachada principal conducía a un atrio ricamente decorado con mosaico. Los mosaicos representaban escenas de la guerra contra Cartago, en la que el general Publio Cornelio Escipión venció a las tropas de Aníbal. La escalera de mármol nos condujo hasta las dependencias del senador. Siempre guiados por la figura marcial y poco habladora del centurión Maximus Apis.

Ante la puerta esperaba otro esclavo. Era nubio. La oscuridad de su piel destacaba de la blancura inmaculada de su túnica corta. Como el jardinero, temblaba de miedo. La imagen del centurión, siempre con la mano nerviosa en la espada, no ayudaba a tranquilizarlo:

–Dionisio dormía ante la puerta cada noche, por si lo necesitaba el senador.

–Supongo, Dionisio, que nadie entró por esta puerta.

El esclavo negó con la cabeza, muerto de miedo. Supuse que debieron de azotarle para interrogarlo tras la muerte del senador. Dentro de las habitaciones, como en el resto del palacio, me llamó la atención el lujo que se respiraba. La cama tenía más tela de la que en mi vida me habría imaginado. Y los velos de las cortinas volaban delicadamente, en el balcón. Toda las paredes estaban decoradas con pintura, y el suelo, con mosaico.

Selena paseaba por la habitación. Después de una inspección, salió a la terraza del balcón. Cuando entró, dio una orden sorprendente:

–Maximus, necesito tu ayuda. Baja al patio que hay frente al balcón y espera mi señal.

El centurión obedeció a su pesar. Mientras bajaba haciendo resonar la espada contra la armadura, Selena cerró la puerta de la habitación y se encaró con el esclavo:

—Escúchame bien, Dionisio. Me tienes que contar la verdad. Tu vida está en juego. Si no resuelvo el misterio de la muerte del senador, todas las sospechas recaerán sobre ti. En el próximo interrogatorio, el centurión Maximus no se limitará a dejarte la espalda morada.

Mientras Selena rebuscaba en el zurrón para buscar algo, no pude evitar preguntarle:

—¿Cómo sabes que lo va a interrogar el centurión?

—Por el pavor que le tienen todos los esclavos de la casa. ¡Esto buscaba! Diania, hazme el favor de encender la lámpara. Y tú, Dionisio, responde: esta habitación tiene una entrada secreta, ¿verdad? ¿Dónde está?

Para mi sorpresa, Dionisio no vaciló. Señaló hacia la derecha, avanzó unos pasos y movió con fuerza una antorcha pegada a la pared. Se escuchó un clic y se abrió una sección de las pinturas del muro. Selena se percató de mi sorpresa:

—No es nada excepcional. Todas las villas de cierta importancia las tienen, para entrar o huir a escondidas en caso de necesidad.

Selena se agachó a la entrada del pasillo secreto y cogió la lámpara. Era una lámpara especial: proyectaba la luz en una sola dirección, como un foco. Muy útil para revisar los espacios ocultos:

–Es una linterna. Se la compré a una artesana de Masilia. Rápido, dame un pañuelo del zurrón.

Cogió algo del suelo y lo dejó sobre el pañuelo de seda que le alargaba:

–¡Una pluma negra!

–Se le debió de caer a la criatura que esperaba detrás, mientras el senador dormía.

–Entonces, ¿la leyenda de la esfinge es cierta?

–Diania, no seas ignorante y aprende: ¿cuándo has visto una esfinge que entre en una casa por un pasadizo secreto?

–Pero acabas de decir...

–Gracias, Dionisio. Espera fuera y cierra la puerta. Si te necesitamos, te avisaremos.

El esclavo se fue, aliviado de perdernos de vista.

–He dicho que una criatura con alas pasó cierto tiempo tras la pared. Pero la criatura no estaba sola. La llevaría alguien. El asesino del senador. ¡Oh, nos olvidábamos de nuestro centurión!

Selena corrió a la ventana. Maximus esperaba al pie del balcón, más impaciente y con cara de mala uva que nunca:

–¡Centurión! ¿Serías tan amable de contar cuántos pasos hay hasta el otro lado del jardín? Sí, hasta donde está ese laurel y acaba el jardín. Necesito saber los pasos para calcular el tiempo. Es de vital importancia. Acabo de invocar a Mercurio y me ha revelado la clave del misterio. Ahora invocaré a Minerva y veremos qué piensa. Gracias.

Volvió a entrar:

–¿Te burlas del centurión? Primero le sueltas la mentira de que descubriste la esfinge porque la cripta te lo había dicho. Después le haces salir de la habitación y esperar en el jardín. ¿Y ahora le haces creer que hablas con el dios Mercurio?

–Tienes muy poca experiencia de vida, querida. El éxito en una lucha depende de obtener alguna pequeña ventaja y saber aprovecharla. Nos enfrentamos a enemigos desconocidos, poderosos y despiadados. La única forma de evitar que nos corten el cuello es ser más astutas, porque ellos son más fuertes que nosotras. No me respetan porque sea una mujer sabia y lista, sino porque me toman por bruja. Y tengo que aprovechar cualquier oportunidad para que lo sigan pensando. La primera norma de un mago es no revelar jamás sus trucos.

–¿No te fías del centurión?

–Ignoro si es o no de confianza. Pero sé que está a las órdenes del senador Graco. Y le contará con detalle todo lo que hacemos y no hacemos. Prefiero ser yo quien administre la información en el momento adecuado. Por eso mantendremos a nuestro amigo dando vueltas por

el jardín. Hace muy buen tiempo, que lo pruebe. Ahora, escucha lo que ocurrió.

Selena carraspeó y paseó por la habitación mientras jugaba con el bastón:

–El senador Escipión se fue a dormir, después de cenar, como era habitual. El asesino esperó detrás de la puerta secreta hasta que lo oyó roncar. Cuando empezó a roncar, abrió el acceso y entró en la habitación. Venía acompañado. Esta pluma no es de un ave cualquiera. Pertenece al pecho de un águila imperial. Mientras una segunda persona, probablemente formada en cetrería, sostenía el águila, el asesino fue hacia la cama y estranguló al senador. No murió apuñalado, ni con signos de violencia. Debió de estrangularlo con una cuerda o quizás lo asfixió con la almohada. No tenemos más datos, pero debió de ser con uno de estos dos métodos. Son los más silenciosos.

–Un momento. Todos los esclavos coinciden en que oyeron gritos y ruidos de lucha.

–Sí. Pero ya muerto el senador. Cuando lo asesinaron, lo arrastraron hacia el balcón y lo lanzaron desde arriba. Querían que pareciera que había saltado huyendo de un peligro terrorífico. Ya defenestrado, venía la segunda parte del plan. Hicieron ruidos y gritaron para simular una batalla. El ruido lo oyeron los esclavos y salieron al patio. Al detectar que se encendían las luces y se abrían las puertas de las cabañas de los esclavos, le quitaron la capucha al águila imperial y la hicieron volar. El animal planeó desde el balcón hasta el otro lado del jardín. Justo hasta la tapia de la calle, donde se había encaramado otro secuaz para atraer al animal. ¡Objetivo conseguido! La muerte del senador y que varios testigos vieran una criatura voladora, de gran tamaño, surcar el cielo de la noche hizo que, después, relacionaran de forma natural la desaparición de la esfinge del templo de Vesta y la sombra voladora del jardín. Y ya tenemos la coartada perfecta: una leyenda convertida en realidad.

–¿Quieres decir que la sombra vista de noche sobre Roma era de un águila imperial?

–En efecto. Son fáciles de conseguir. Muchas legiones llevan una. Y en la ciudad debe de haber al menos media docena de sitios donde comprar aves de cetrería.

Selena volvió al balcón:

–Nuestro amigo estará cansado de ir de un sitio a otro. Pero no nos podemos arriesgar. Cuantas menos personas sepan de nuestros avances y el modo de conseguirlos, mejor. Ya hemos acabado en la villa Andrónica. Volvamos al Hostal de las Hespérides. Entre pitos y flautas, es hora de comer.

La maldición de la esfinge

Los romanos de la nobleza tienen tres nombres. El *prae-nomen*, que usan muy poco en público. El *nomen*, relativo a la familia. Y el *cognomen*, el más habitual. El senador Sextus, de la ilustre y poderosa familia de los Graco, se había ganado el apelativo Noctua, «lechuza», por el talante intrigante y confabulador que había dado fortuna y fama a sus antepasados. Los Graco habían tomado parte en todas las intrigas y maniobras políticas de la monarquía, de la República y, ahora, del Imperio. A diferencia de otros linajes, no eran militares, pero sí excelentes oradores, habilidad que los hacía muy valiosos para defender o atacar una política determinada en el Senado.

Julio César tuvo un Graco entre los colaboradores más íntimos de la casa Julia. Y Augusto, su sucesor, también tenía uno: Sextus.

Las legiones repartidas por todo el mundo controlan el Imperio y se encargan de obligar a todas las naciones sometidas a pagar los impuestos con los que vive Roma. Sextus, por su parte, mantenía el orden en la ciudad, en especial en las calles. Se decía que tenía una excepcional red de informantes, miles de ojos y de oídos que le contaban lo que se tramaba y se comentaba, desde los foros hasta la taberna más oculta. No en vano, era la Lechuza de Roma, la persona que, desde la oscuridad, lo veía y escuchaba todo. Esta era la imagen que me hice de Sextus Graco, Noctua, a partir de la conversación entre Flavia y Selena. La señora y Selena esperaban cómodamente al senador, en el triclinio, mientras Blanca y yo les servíamos dulces y bebidas.

Flavia era una mujer con cierta independencia. Su marido no vivía en Roma, sino en Hispania. Durante todo el tiempo que pasé en el casal Tiberíades, lo escuché mencionar pocas veces. Nadie parecía echarlo en falta. Solo sabía que, después de que ella enviudara, volvió a casarse pasado un año, como mandaba la ley romana. Pero, según Secunda y las esclavas, parecía un matrimonio pactado

y de conveniencia. El marido no salía de Hispania y ella vivía como le venía en gana, desde su estatus de mujer casada, obligatorio en la sociedad romana.

El senador Graco llegó al anochecer en una litera cubierta. Bajito y rellenito, su mirada serena no traslucía su espíritu astuto y calculador. Se sentó en el centro del triclinio como invitado de honor. Enseguida le serví una copa de vino.

–¿Dónde está la esfinge? ¿La habéis devuelto al templo de Vesta? En Roma no se habla de otra cosa.

–No, querida Flavia. La esfinge viajará a su templo originario, en Egipto. Es la decisión de Augusto. Por ahora, está custodiada en una galera en el puerto. Selena se la llevará. Tras el éxito de la primera misión, debe trasladarse a Pompeya lo antes posible. El emperador está complacido. Pero es necesario que la esfinge vuelva completa, con el amuleto que la decoraba cuando la trajeron de la tumba de Cleopatra. Selena viajará a Pompeya, donde le reclamará el amuleto a Livia Luciani. Le he enviado una carta oficial y no ha puesto ningún inconveniente. El tiempo corre en nuestra contra. El estado del emperador puede empeorar en cualquier momento y el pueblo debe saber que la esfinge va camino de Egipto. Solo así pondremos punto y final a las especulaciones.

–¿Cuándo lo hará público?

–Al día siguiente de tu partida, Selena.

–No entiendo cómo un hombre de su templanza y fortaleza puede vivir obsesionado con una leyenda. –Flavia pronunció la última palabra con afectación–. Porque... es solo una leyenda, ¿no?

–Todos tenemos nuestros fantasmas personales. Fue Augusto quien ordenó al general Agripa saquear la tumba de Cleopatra. Repartió el botín entre los oficiales de su confianza, en la campaña de Egipto. Supongo que ahora, con la muerte a la vista, quiere rectificar la profanación y reconciliarse con los espíritus. El tema le obsesiona –dijo bajando el tono de voz–. ¡Hasta el punto de que tiene pesadillas!

–Pero ¿crees que los sueños de Augusto están relacionados con la maldición de la tumba? ¿O son imaginaciones suyas?

–Eso escapa a mi comprensión, Flavia. Quizás Selena, versada en las artes mágicas, podría darnos una opinión más formada. Solo sé que vivimos un momento histórico muy delicado. Augusto ha gobernado Roma *manu militari*. No se ha proclamado emperador, pero lo es *de facto*. A su muerte, el Senado deberá tomar una decisión. O proclamar al sucesor elegido por Augusto, que ya llevará

el título de emperador, o volver a la República y elegir a uno o dos cónsules. Hay partidarios de las dos opciones, y cualquier decisión errónea podría desembocar en una guerra civil. Recordad los años de lucha entre los generales Julio César y Pompeyo.

–¿Tan importantes son la esfinge y el escarabajo? Solo son dos reliquias... ¿Tú que piensas, Selena?

Selena había permanecido en silencio durante la conversación entre los dos romanos. Dejó pasar una pausa, mientras levantaba la mano derecha, y opinó:

–Lo importante no son los objetos en sí, sino el valor que les damos. Imaginad que una serie de desgracias asolaran Roma en fechas próximas a la sucesión. Los enemigos del emperador podrían desestabilizar el Imperio y favorecer las revueltas. Ya lo han intentado y conseguido, en parte, con la esfinge y el asesinato de Escipión. El pueblo es más supersticioso y fácil de manipular.

–Cierto. La historia está llena de ejemplos –sentenció el senador–. Os pondré uno: Egipto es el granero de Roma. Gran parte del trigo que consume la ciudad y se reparte entre el pueblo procede de las cosechas del Nilo. Un año de malas cosechas generaría hambre e inestabilidad. Ya ha pasado en otras épocas. De aquí la importancia de incorporar Egipto a las provincias romanas. Los alborotadores podrían aducir que es obra de los dioses, una señal de cambio de poder en un sentido determinado. Por eso es tan importante encontrar la esfinge y liberar a las vestales, guardianas de la tradición, de cualquier responsabilidad.

–Este peligro ya se ha disipado. Pero ¿qué me dice del escarabajo dorado? Si no lo he entendido mal, Augusto se lo regaló a su prima, por su nacimiento. Pompeya está en la Campania, a cierta distancia de Roma. ¿En qué nos puede afectar el escarabajo?

–Querida Flavia, permite que te lo cuente. –El senador Graco se recolocó en el asiento y se remangó la túnica–: Pompeya está cerca del Vesubio. Una erupción inesperada o unas fumarolas más intensas de lo habitual podrían interpretarse como una señal de los dioses. También es urgente llevarse de Pompeya el escarabajo y devolverlo a Alejandría a la mayor brevedad. ¿Has entendido la misión, Selena?

–Perfectamente. Entiendo que si participo en su transporte es porque aún pueden ser necesarias mis habilidades.

–Augusto se ha hecho muy supersticioso en la vejez. La cercanía de la muerte lo ha alterado. Tus artes son

reconocidas en todo el Imperio. Insistió en que un mago acompañara los objetos hasta la tumba de la reina. Y, francamente, la única maga seria que conocemos es Selena, la Luna de los Vientos, la que tiene tantos nombres como tierras ha pisado. Tu habilidad a la hora de localizar manantiales es extraordinaria. Y todos sabemos que no es la única. ¿Por qué frunces el ceño? ¿Qué te preocupa?

–Estoy convencida de que mis indagaciones no habrán pasado desapercibidas a los asesinos del senador Escipión. Intentarán robarnos la esfinge y el amuleto durante el viaje, quién sabe si en Pompeya o en Cartago. Necesitaré una escolta de plena confianza que, al mismo tiempo, no levante sospechas.

–La galera Lupa Mari custodia la esfinge y está preparada para partir. Te acompañará un destacamento de la Guardia Pretoriana, comandada por el centurión Maximus Apis.

–Llamaríamos mucho la atención. Preferiría navegar en una embarcación más discreta y elegir una tripulación mínima.

–Como consideres. Tienes plena libertad. Pero actúa rápido. Tienes que partir hacia Pompeya como mucho a finales de la semana.

El senador Graco se retiró y Flavia lo acompañó a la puerta. Selena se quedó pensativa, en el triclinio. Me acerqué de puntillas:

–¿A ti que te parece, Diania? ¿Me acompañarás?

–No tengo otra alternativa. Llevo la marca de una esclava.

–No estás obligada a venir. Si prefieres la vida en casa Tiberíades, te puedes quedar. Ahí tendrás siempre un suelo que fregar y un plato que llevarte a la boca. A mi lado, ya sabes, misterios, peligros y quebraderos de cabeza.

–¡Claro que te acompañaré! Pero me da la sensación de que estás preocupada.

–Me preocupa la tripulación de la nave. No podemos ir con soldados o mercenarios pagados por Graco. Son fáciles de sobornar. Necesitamos personas capaces de defendernos en caso de peligro, pero dignas de confianza. Y eso no lo encontraremos entre la Guardia Pretoriana.

–Sé quiénes podrían acompañarnos. Son tres personas que vencieron a doce soldados de la Guardia de Roma.

–¿Quiénes?

–La Compañía Maravillas.

Proa a Pompeya

Selena de Caravante no quiso embarcarse en la Lupa
Mari. Era una galera de guerra formidable, con cientos
de esclavos a los remos y casi cien metros de longitud.
Alquiló un barco de vela, pequeño y ligero, con seis remos
auxiliares a cada lado. Se llamaba Alcíone. Lo alquiló
para el viaje, gracias a los denarios que el senador Graco
puso a disposición de la empresa. Más complicado fue
completar la tripulación. El barco tenía doce marineros,
capitán y timonel, sin esclavos a los remos. Necesitába-
mos una protección discreta pero efectiva. Selena no quería soldados, pero no le acababa de convencer contratar
los servicios de una compañía de espectáculos:

–Los soldados llaman la atención, beben y buscan constantemente pelea. ¿Crees que tus amigos se avendrán a un acuerdo? ¿Son tan buenos como me has dicho?

–Tenemos que intentarlo. Y, sí, son muy buenos.

La Compañía Maravillas seguía en Roma. Los habían contratado para actuar durante una semana. Al acabar, no tenían ningún otro compromiso. Selena no podía asegurarles cuánto tiempo los necesitaría. Pero sí que podía pagarles mucho más de lo que ganarían rodando

por villas y aldeas durante dos años. El maestro Gregalius vio una oportunidad de cambiar de aires. En los espectáculos circenses se jugaban la vida, y los leones, a pesar de estar adiestrados, eren muy peligrosos. A Lidia y Galcerán tampoco les emocionaba la idea de pasarse la vida en una compañía, con un futuro tan incierto. Y, por otra parte, la propuesta de Selena y la bolsa de denarios que les ofrecía les picaba la curiosidad.

–Si todo va bien, acabaremos la misión en un par de meses. Hemos de hacer tres escalas en el Mare Nostrum. Sabréis los puntos de nuestro destino cuando lo crea conveniente. Transportaremos una mercancía que debemos proteger y vigilar como nuestras vidas. Por lo que me ha contado Diania, y por lo que he investigado por mi cuenta, sabéis defenderos.

–De eso puede estar segura, señora –sonrió el maestro Gregalius, con el parche en el ojo y la cicatriz de mejilla a mejilla–. Trabajé diez años en el circo de gladiadores de Maximus Severus. Mis nietos saben tanto como yo del arte de la lucha. Pero tres personas no son un ejército. ¿Está segura de que será suficiente para proteger sus intereses?

–Necesito una protección fiel y discreta. No un ejército. Y una respuesta rápida. Nos embarcamos a finales de semana.

–Deme un par de días. Es lo que necesitaremos para vender los animales a buen precio. ¿Dónde podemos encontrarla para darle una respuesta?

–En el Hostal de las Hespérides.

La respuesta fue afirmativa. Me alegré de compartir el viaje con la Compañía Maravillas. El maestro Gregalius, además de gladiador, resultó un buen marinero. De joven había trabajado en un buque mercante y estaba familiarizado

con la navegación. Enseguida trabó amistad con el capitán y la tripulación. Galcerán se unió a los marineros en el control de la nave. Y Lidia se convirtió en mi compañera durante todo el viaje. Quien peor lo pasó fue Uri. Se mareaba continuamente y rodaba por la cubierta, como una pelota de trapo. El oriol, en cambio, iba y venía del barco a la costa, ya que hacíamos navegación de cabotaje.

En cuanto embarcamos, Selena me llamó al puente de popa. Llevaba unas tablillas en las manos:

–¿Eso qué es?

–Las he comprado antes de embarcar. Es hora de comenzar tu formación. Para ser mi ayudante y discípula es imprescindible que aprendas a leer y escribir.

–¿Quieres decir que lo necesitaré? Soy una esclava.

Le enseñé la marca del brazo. Lidia seguía la conversación a mi lado, muy seria:

–Leer y escribir es una llave que abre muchas puertas, incluso la de la libertad. La libertad de aprender. ¿Por qué crees que en Roma solo saben leer las familias acomodadas? El conocimiento hace personas libres. La ignorancia, esclavas. Y no hay peor esclavitud que la ignorancia.

–Creía que las brujas no necesitaban leer ni escribir, que aprendían del boca a boca como sus maestras, del contacto con la naturaleza, con los espíritus elementales...

—Las brujas somos mujeres sabias. Y la sabiduría se aprende en todas partes y de todo. Mucha sabiduría solo se conserva por escrito.

—De acuerdo, aprenderé.

—Yo también quiero aprender —saltó Lidia.

—¿No tengo bastante con una, que ahora tú también quieres ser alumna?

—Sí. El abuelo me ha enseñado muchas cosas. Sé usar la espada, el bastón, los puños, los puñales... Puedo tumbar a un hombre dos veces más grande y pesado que yo. Pero no me ha podido enseñar a leer y escribir porque él tampoco sabe.

—Entendido. Lo aprenderéis las dos. Pero procurad no sacarme de quicio. Tengo poca paciencia.

La navegación transcurrió sin incidentes. En cuanto nos adentramos en la bahía de Nápoles, distinguimos la cima del Vesubio y las fumarolas negras. Primero Nápoles y después Herculano se dibujaron en la línea de costa. Atracamos en el puerto de Pompeya dos días después de nuestra partida. Soplaba poco viento y eso ralentizó la marcha. Con el fin de preservar nuestra carga de visitas indeseables, anclamos al otro lado del puerto. Así, limitábamos el acceso al Alcíone con la barca y era más fácil de defender en caso de asalto. El maestro Gregalius recomendó que la

mayor parte de la tripulación se quedara en el barco. Solo desembarcamos Selena y yo.

En cuanto pusimos un pie en tierra, nos recibió el encargado del puerto:

–¿Sois Selena de Caravante?

–En efecto. ¿De qué me conoce?

–Toda Pompeya está en ascuas con la noticia de su llegada. ¿Ha tenido problemas con... la esfinge? ¿Revive por las noches como dicen?

–¡Por las tres parcas! Creía que nuestro viaje era secreto.

–Ha tardado dos días en llegar a Pompeya por mar. La noticia ha corrido más rápido por tierra, de boca en boca de arrieros y carreteros. El gobernador Caius Sallustius quiere que acuda a su presencia enseguida.

Mientras seguíamos al encargado, una galera de guerra entró en el puerto y ancló en el sector más alejado del Alcíone. Selena lo observó con desconfianza:

–Juraría que es la galera que nos ha seguido desde Roma.

–¿Os ha seguido una galera? ¿Y qué querrá?

–Tú estabas ocupada intentando escribir. Pero tanto el maestro Gregalius como la tripulación del Alcíone se dieron cuenta. Es la Lupa Mari.

–Quizás solo está haciendo maniobras.

–¿Tú crees? ¿En el sitio más tranquilo del Imperio? Solo se me vienen a la cabeza dos posibilidades: que la haya enviado el senador Graco para que nos escolte a distancia, o que la hayan enviado sus enemigos para robarnos la esfinge y el escarabajo.

–Entonces, ¿qué hacemos? Deberíamos alertar a la tripulación del Alcíone.

–No hace falta. No harán nada por ahora.

–¿Por qué estás tan segura?

–Es más inteligente esperar a que encontremos el escarabajo dorado. Entonces, tendrán los dos objetos a la vez. No debemos preocuparnos hasta que no tengamos el escarabajo en nuestras manos.

El escarabajo dorado

El prefecto de la ciudad charlaba con unas comerciantes en el foro, ante las escaleras del templo de Júpiter. Aquella plaza alargada estaba flanqueada por diversos santuarios y edificios monumentales. Pompeya era rica, al igual que la vecina Herculano, y se evidenciaba en la calidad de los edificios y en el buen estado de las calles. Rivalizaban en ostentación arquitectónica. Junto al templo de Júpiter se hallaba el *macellum*, un mercado cubierto, lleno de tiendas bajo los arcos. Esperamos un rato frente al mercado. Selena aprovechó ese tiempo para dar conversación a unas mujeres que hacían cola en una tienda de verduras. Finalmente, el secretario del prefecto nos indicó que podíamos presentarle nuestros respetos:

–Esperábamos tu visita. El senador Graco me ha enviado una carta con instrucciones.

–Entonces, ya conoces el motivo del viaje. ¿Nos puedes conducir a la villa Appicola? Cuanto antes nos llevemos lo que hemos venido a buscar, más complaceremos los deseos del emperador.

–Claro. Un esclavo os acompañará enseguida. Pero lamento adelantaros que la empresa será imposible.

Aquella respuesta contrarió a Selena:

–¿Por qué?

–Durante muchos años, el escarabajo fue custodiado en el templo de Júpiter y después en el de Isis. Pero era propiedad de la familia Luciani y podían reclamarlo cuando les apeteciera. Con motivo de las bodas de Livia, la prima de Augusto, con el general Marco Appicola, lo sacaron del templo.

–¿Y le quedaba bien una joya ideada para una tumba?

Me sorprendió la pregunta de Selena. Con el tiempo descubriría que comentarios como ese, aparentemente fuera de lugar, no eran nada espontáneos, y sí bastante calculados.

–La joya lució en un rostro bello como el de la joven. El amuleto reflejaba los rayos de sol, con las alas extendidas, de un verde intenso, del mismo color que los ojos de Livia. Las fiestas duraron tres días. Y al acabar, el escarabajo se había perdido. Todo apunta a que lo robó una compañía de malabaristas ambulantes contratada para amenizar la fiesta. Intentamos recuperarlo, pero fue en vano.

El prefecto puso a nuestra disposición un esclavo para que nos acompañara a la villa Appicola y nos sirviera de guía en la ciudad. Servius era de Tracia. Vivía en Pompeya desde que fue vendido, veinte años antes. Tuvo la suerte de ir a parar a la administración de la ciudad, gracias a que sabía leer y escribir. Y después pasó al servicio del prefecto. Me sorprendía la confianza de Selena para ganarse la confianza de las personas, nobles o esclavas, y hacerlas hablar. Cuando Servius supo que yo también era esclava y que Selena había nacido en Britania, se mostró más alegre y charlatán.

–Dime, ¿conoces al general Appicola?

–Sí, señora. Es amigo íntimo del prefecto. Como la señora, Livia. Con frecuencia se visitan en sus respectivas villas. El general Appicola pasa mucho tiempo fuera de Roma. Creo que ahora comanda una legión en Oriente.

—Me parece que el prefecto ha hecho fortuna en Pompeya.

—Pompeya es una ciudad rica, con mucho comercio. Es fácil hacer fortuna si se tienen la habilidad y los contactos adecuados.

No me pasó desapercibido el deje de ironía. La villa Appicola antes se llamaba Luciana, ya que había sido propiedad de la familia de Livia Luciani. Se encontraba a las afueras de la ciudad, más allá de las murallas. Tenía una vista magnífica de la bahía de Nápoles, con la vecina población de Herculano y el monte Vesubio, siempre humeante. Cerca del edificio principal, asistimos a una extraña escena. Un grupo de personas habían formado una cadena humana para extraer capazos de tierra de un pozo. La tierra seca evidenciaba que aquel pozo había perdido su utilidad.

Seguimos caminando hasta los jardines de la villa Appicola. Fuimos recibidos por la *domna* Livia. La fama de Selena había llegado hasta Pompeya. Livia, de natural altivo y orgulloso, como una buena patricia romana, habló con una cordialidad inesperada:

—Me han avisado de tu llegada, maga de Britania. Vienes a reclamar el escarabajo dorado en nombre de mi primo, el queridísimo Augusto. Pero has de saber que se perdió durante mis bodas, hace dos años. Y no hemos vuelto a saber nada. El senador Graco tendrá que buscar otro amuleto para sus caprichos.

–El prefecto me ha puesto al corriente. Lamento la pérdida. No era Graco el más interesado en recuperar el escarabajo, sino el emperador Augusto.

–¿Augusto? Augusto hace tiempo que chochea. Todo el mundo sabe que el gobierno del Imperio está en manos de sus consejeros y de los senadores más influyentes. Te aseguro, maga, que la idea de recuperar el amuleto no ha salido de Augusto, sino de Graco. ¿Para qué lo quiere, si puede saberse?

–Tengo entendido que pretende devolver el escarabajo dorado y la esfinge de ojos negros a su lugar de origen, la tumba de Cleopatra.

Livia se dio una panzada de reír. Tenía una mirada maliciosa y una voz refinada, segura y educada:

–Nada me haría más feliz que complacer a mi primo y a su mano derecha, el admirado senador Graco. Pero lo que me pide es imposible. Ni tu, con tu magia poderosa, serías capaz de hacer aparecer el escarabajo. Regresa a Roma y transmítele al senador mi más profunda tristeza por no poder satisfacer su deseo.

–Así lo haré. La noticia le quitará un peso de encima.

Livia se giró, contrariada:

–¿Por qué dices eso?

–No puedo revelar el secreto, señora.

–Venga, no te hagas de rogar. ¿No quiere Graco conseguir el escarabajo?

–Sí... y no.

–Explícate.

–La idea de recuperar la esfinge y el escarabajo fue de tu primo Augusto. Graco recibió la orden como jefe de la Guardia romana. Pero, en el fondo, no le ha hecho gracia la idea. Si localiza las reliquias, deberá llevarlas a Egipto, al templo de Cleopatra. Y ahí está el problema:

nadie recuerda con exactitud dónde se encuentra el templo. Buscarlo supondría invertir unos esfuerzos que Graco preferiría destinar a otros asuntos. Sobre todo ahora que en Roma todo el mundo está pendiente de la sucesión.

Livia dudó un instante. Pero se centró enseguida. Estaba acostumbrada a disimular los pensamientos:

–¿Quieres decir que recuperar el amuleto le complicaría la vida a Graco?

–Puedes estar bien segura, noble Livia. Por cierto, y disculpa la intromisión. ¿El pozo que se ha secado a la entrada de la propiedad... es importante?

–Es vital. Es el manantial principal de la propiedad; sin él no podemos llenar las albercas ni regar los cultivos. Desde que el Vesubio volvió a estar activo, se han secado muchos manantiales, también los de los acueductos que abastecen la ciudad. Tengo a todos los esclavos cavando para encontrar agua a mayor profundidad.

–¿Mis habilidades son conocidas en la casa Appicola?

–¿Quién no las conoce? Eres la zahorí más popular del Imperio. ¿Te gustaría ofrecerme tus servicios? Sinceramente, siempre he creído que los zahoríes son unos estafadores.

–Viniendo aquí he detectado tres nacimientos de agua. La inestabilidad del Vesubio debe de haber taponado el

curso natural del agua que desciende de la montaña. El agua sigue bajando hacia el mar. Pero ahora, por otros caminos. Es cosa tuya si quieres contratar mis servicios.

–¿Cuánto me cobrarías?

–Solo un objeto. El que he venido a buscar.

–¿Y quién me asegura que el pozo no se volverá a secar en poco tiempo?

–Ahora, cuando vuelva a Pompeya, indicaré dónde está el primero de los manantiales. El más pequeño. Y, si cambiáis de parecer y por casualidad encontráis el escarabajo, señalaré los otros dos. ¿El escarabajo no vale tres pozos de agua? Y, de paso, puedes estar segura de que no solo no favorecerás al senador Graco, sino que lo perjudicarás... El prefecto y tú podéis respirar tranquilos...

No entendí el significado de las últimas palabras de Selena. En cambio, tuvieron un efecto visible en Livia: hicieron que su rostro pétreo perdiera la serenidad. Dejamos la villa Appicola bajo la atenta mirada de Livia. Desde el balcón del palacio, observó cómo bajábamos por el camino:

–¿Es verdad lo que has dicho?

–Mitad mentira y mitad verdad. Es falso que el senador Graco no tenga interés en hallar el escarabajo. Lo he dicho porque hay una evidente enemistad entre los

Graco y los Appicola. El propio prefecto se ha puesto de acuerdo con Livia para colarnos la historia de la desaparición del amuleto en las bodas de la prima de Augusto. He respondido a una mentira con otra.

–Entonces, ¿la segunda parte de lo que has dicho es cierto? ¿Serás capaz de encontrar tres pozos de agua?

Selena me pasó la vara. A continuación, se quitó un colgante del cuello. Era un péndulo. Empezó a andar por el borde del camino y a adentrarse en los campos. El oriol, que nos había seguido, volaba de un árbol a otro. Mientras ella trabajaba, abrí el saquito de Uri para que estirara las patas. Livia no la perdía de vista, desde el balcón. Los esclavos dejaron de excavar y la contemplaron curiosos.

Selena avanzó primero por el campo, sin rumbo. Llevaba el péndulo en la mano. Levantaba los ojos al cielo y entonaba unos cánticos en una lengua desconocida. De repente, se paró. El péndulo, que hasta entonces había girado en una dirección, cambió el sentido del movimiento. Selena levantó el brazo de forma ostensible. Y ordenó a los esclavos que excavaran en aquel punto.

Estuvieron una hora cavando. La tierra estaba cada vez más húmeda. Hasta que al final la humedad se convirtió en fango. Y el fango en agua. La bruja se giró

hacia Livia y levantó el dedo índice. Dedicamos el resto del día a pasear por Pompeya. Paramos a descansar un rato, junto a una fuente:

–¿Qué te ha parecido la búsqueda de agua?

–Me ha impresionado. ¿Cuántos cánticos mágicos has entonado?

–Unas canciones infantiles que aprendí en Aquitania. Las cantaban los niños cuando jugaban al corro.

–¿Y sirven para encontrar agua?

–Lo ignoro. Pero forman parte de la ceremonia.

–Tienes un truco para encontrar agua, ¿verdad?

–Claro. La tierra nos da pistas sobre dónde están los manantiales. Pistas invisibles para quien no tiene educada la mirada. Quizás la presencia de una determinada planta que nace donde hay más humedad. Quizás un árbol seco que, misteriosamente, revive. Quizá el olor a tierra húmeda, imperceptible pero presente. Y también puede ser la magia del péndulo y la invocación de los espíritus elementales del paisaje. Una buena maga jamás revela sus trucos. Siempre los piensa sobre la marcha.

El maestro Gregalius y Galcerán se quedaron en el barco para proteger la esfinge. Lidia se cansó y desembarcó para buscarnos. Nos encontró en la fuente y comimos las tres en un mesón. Poco antes de terminar

los postres, vimos entrar al esclavo Servius. Se acercó y dejó un pañuelo en nuestra mesa. Nos hizo una inclinación de cabeza y se retiró tan misteriosamente como había llegado.

Los ojitos de Selena brillaron de satisfacción. Desplegó el pañuelo. Dentro, había un escarabajo dorado. Selena apretó un resorte y desplegó las alas. Eran dos esmeraldas.

–Me parece que hoy no podré echar una cabezadita. Tengo que volver a la propiedad de los Appicola y localizar los otros dos pozos que les prometí. Pero, ahora que tenemos el escarabajo, debemos actuar con diligencia. Diania, atiende. Tienes que hacer exactamente lo que te diga.

–¿Y qué es?

–Hoy pasaré la noche en la posada del puerto. Tú volverás con Lidia al barco. Hacia la madrugada, se levantará niebla. Aquellas nubes bajas la presagian. Entonces, el Alcíone huirá del puerto amparado en la oscuridad. Haz que el maestro Gregalius y el capitán entiendan que deben realizar la maniobra con la mayor discreción. Sobre todo, que la galera Lupa Mari no detecte por nada del mundo que dejamos el puerto.

–¿Y tú qué harás?

–Si yo me embarcara, despertaría las sospechas de nuestros perseguidores. Mañana, cuando descubran que el Alcíone se ha ido, me detendrán. Estate atenta y recuerda las instrucciones que os daré. Por cierto, necesitaré que me dejes a Uri.

La huida

Aquella noche, Lidia y yo volvimos al Alcíone. Selena pidió alojamiento en un hostal del puerto. Dejó bien claro que estaba cansada de dormir en el barco. Y que necesitaba un colchón en tierra firme.

Hacia la madrugada, cuando toda Pompeya dormía, la niebla anunciada por Selena se extendía por la costa y el puerto. El Alcíone levó el ancla y desplegó los remos, sin hacer ruido. Lentamente, salió del puerto, escondido, como un fantasma. La neblina nos ocultaría. En completo silencio y sin encender ninguna luz, remamos hacia la boca del puerto. La maniobra era arriesgada. La visibilidad, de menos de diez brazas. Podíamos encallar en un arrecife. Pero nuestro patrón era lo más y conocía el puerto de otros viajes. Nos engulló la oscuridad de la noche. Al despuntar el día, las autoridades de Pompeya y los ocupantes de la galera Lupa Mari se percataron de la huida.

Nuestro destino era el puerto de Herculano. Primero nos alejamos de la costa, para camuflarnos entre unas barcas de pescadores y despistar a nuestros perseguidores de la galera Lupa Mari. Confiábamos en que nos seguirían hacia el sur, hacia las costas del norte de África. Nosotros esperaríamos escondidos. Y cuando la Lupa Mari hubiera pasado de largo, pondríamos proa a Herculano. Selena estaba convencida de que nos perseguirían en dirección sur. Pensarían que intentaríamos bordear el estrecho de Mesina, rumbo a Egipto.

Selena no me explicó cómo pretendía escapar de la prisión de Pompeya, ella sola, con la única compañía de Uri y su oriol. Siempre evitaba desvelar la totalidad de los planes. Una vez en Herculano, anclamos cerca de la costa, en una cala escondida. Nuestro capitán la eligió:

–Si Selena ha dicho que se presentaría en el camino que pasa ante el templo de Ceres, conviene desembarcar en la cala de los Cangrejos.

Desembarqué con Lidia y Galcerán. La cala hacía honor a su nombre. No había ni un alma. Tan solo una multitud de cangrejos rojizos tomando el sol en las piedras de la

playa. Una senda subía entre los acantilados. En la cima, vimos el templo de Ceres, a escasa distancia. Selena nos había citado justo en aquel punto. Galcerán no lo veía nada claro:

–O tu señora está trastornada o es una bruja de poderes formidables. ¿Cómo, si no, pretende escapar ella sola de Pompeya? Si la han detenido, no le será fácil abrir las puertas de la celda y hacerse invisible a los guardias.

–Además, Maximus Apis es una mala bestia. Seguro que a estas alturas la estará interrogando.

–No quiso contar lo que pretendía. Pero estoy convencida de que tiene un plan. Y en sus planes siempre confía más en los trucos de la astucia que en la magia de los conjuros.

Esperamos ante el templo toda la mañana, hasta bien entrada la tarde. De vez en cuando, pasaba un carro procedente de Pompeya. A Galcerán se le ocurrió preguntar a los mercaderes qué noticias llegaban de la ciudad. Algunos tenían mucha prisa y no nos hacían caso. Otros soltaban vaguedades. A media tarde, se paró un carro con dos hombres. Uno de treinta años, en las riendas. Y el otro, mayor, delgado y barbudo, al lado. El joven mentía más que hablaba. Mientras que el otro parecía dar cabezadas. El caso es que traían noticias:

–Cuando he salido de Pompeya, acababan de detener a una bruja.

–¿Una bruja? ¿Sabes su nombre? –pregunté, con el alma en vilo.

–Sí. Me lo ha dicho un trabajador de la villa Appicola. Una bruja llamada Selena de los Vientos, o algo así. Había señalizado tres pozos de agua, por encargo de la señora. ¡Y en los tres habían encontrado un manantial! La atrapó un destacamento de la Guardia Pretoriana.

–¿De Roma?

–Sí, muchacho. Los identificaron por los uniformes. Parece que estaban escondidos en una galera, en el puerto. Lo que es seguro es que capturaron a la bruja y la llevaron a prisión.

–¿Con qué acusación?

El arriero se rascó la nuca y dudó ante mi pregunta:

–Ey, ¿tú no has contado que habías oído una conversación en el foro antes de partir? ¡Despierta!

El viejecito roncaba y se despertó al notar el codazo del compañero en los riñones. Hizo visera con las manos y echó un vistazo:

–Ya hemos llegado a Herculano. ¡Qué corto se me ha hecho el viaje!

–¡Te has pasado todo el trayecto dormido como un tronco! Te preguntaba si sabías por qué habían detenido a la bruja.

–¿Una bruja? ¿Dónde, dónde? ¡Por Júpiter y Minerva!

–El pobre está sordo como una tapia y le falta un hervor. ¡Que expliques lo que has oído sobre la bruja de Pompeya!

–¡No soy ningún granuja! ¿Qué quieres?

Tuvo que repetírselo un par de veces más. El viejecito, al final, lo entendió. Carraspeó. Adoptó un gesto grave y desembuchó:

–Decían que la bruja había robado una esfinge de Roma, del templo de las vestales. Y que sus cómplices habían huido hacia el sur.

–¿Y a qué ha venido la Guardia Pretoriana a Pompeya? –preguntó Galcerán.

–No lo sé –siguió el arriero–. Pero me han dicho que la Guardia ha venido con un oficial muy desagradable. Y que incluso el prefecto lo teme. ¿Qué nombre...? –Se giró hacia el viejecito–. Ma... Ma...

–Maximus Apis –remató Lidia.

–Exacto.

Los dos hombres siguieron hacia Herculano. Los seguimos con la mirada hasta que recorrieron la curva

113

del camino. Nos quedamos pensativos. Si Maximus la había detenido y la estaba interrogando, podíamos esperar a Selena eternamente. Galcerán no entendía nada:

–¿Pero Maximus no está a las órdenes del senador Graco? ¿No es él quien nos paga?

–Sí. Es él quien contrató a Selena y nos embarcó en el viaje. Durante la entrevista con Livia Appicola, Selena insinuó que el senador Graco no estaba interesado en devolver la esfinge y el amuleto a Egipto. Pensé que Selena pretendía engatusar a Livia, enemistada con Graco por algún motivo. Sus palabras consiguieron que

nos diera el amuleto. No me imaginaba que, en vez de mentir, Selena dijera la verdad.

–¿Y qué pretende Graco? Su comportamiento es muy extraño. ¿Nos contrata a todos y envía una galera con guardias para que, una vez que obtengamos lo que quiere, nos lo roben y nos detengan?

–No lo sé, Lidia. Solo sé que desconocemos una parte de la historia. La única que podría descubrirla es Selena...

–Me temo que no volveremos a ver a tu señora, Diania...

Nos giramos al oír unos pasos. El viejecito barbudo del carro venía en nuestra dirección. Se paró en seco ante nosotros, visiblemente sorprendido. Al dar un nuevo paso, tropezó con una piedra y empujó a Galcerán:

–¿Todavía estáis aquí? ¿No tenéis trabajo?

–Y tú, anciano, ¿no ibas a Herculano?

–He venido a visitar a unos parientes. Viven en una villa de las afueras. Hacía tanto que no venía que no me acordaba del camino. En la curva, le he dicho al arriero: «¡Eh, para, que nos hemos pasado!».

El viejecito caminaba con dificultad y parecía que iba a caerse a cada paso. Livia lo agarró del brazo:

–Gracias, jovencita.

–¿No sois de aquí?

–No. Hace veinte años pasé por Heculano. Recordaba la cala y los acantilados. A mi edad, la cabeza no hila tan fino como antes. Y vosotros, ¿a qué habéis venido? Tenéis pinta de forasteros.

–Habíamos quedado con mi señora. Pero parece que no aparecerá.

–¿Por qué no? ¿Dudas de que pueda presentarse?

–Sí. No podrá.

En eso, el viejecito se rio falsamente. De un pliegue de la túnica salió una cabecita. La cabecita de Uri. El hombre nos guiñó un ojo y cambió el tono de voz, mientras levantaba el brazo y un oriol se posaba en su hombro:

–Estamos muy a la vista. Por el camino pasan muchos ojos y orejas. Bajemos a la cala. Os tengo que contar un montón de cosas. Lidia, ¿serías tan amable de traerme mi bastón? Lo he dejado detrás de aquel árbol, para engañaros mejor. Y tú, Diania, lleva mi zurrón. Ya veo el valor que le dais a mi palabra.

–Pero ¿no estabas detenida?

–Lo estaba, Diania. Me han detenido por la mañana, como preví. He estado hasta el mediodía en la prisión de Pompeya. Y después he huido. Lo que dije que ocurriría. Volvamos al Alcíone. Los caminos no son seguros.

Fin de una historia e inicio de otra

Selena nos convocó en el castillo de popa. El Alcíone surcaba el mar dirección sur, hacia Sicilia. Pero no cruzaríamos el estrecho de Mesina, entre Escila y Caribdis, sino que mantendríamos la navegación de cabotaje por el norte de Sicilia. La galera Lupa Mari debía buscarnos por la zona del estrecho, y convenía perderla de vista.

La Bruja del Viento había recuperado su aspecto habitual. La espalda contra la borda, las manos apoyadas en el bastón de sabina. La cabellera plateada al viento. Y la mirada aparentemente perdida en sus cavilaciones. Uri jugaba en el hombro de Lidia, que dirigía

117

el timón bajo la atenta mirada del maestro Gregalius. Galcerán estaba sentado en el suelo, en una esquina. Habíamos ocupado el castillo de popa para poder conversar los cinco. El capitán y los demás marineros nos dejaron solos y hacían otras labores repartidos por la embarcación. Había llegado el momento de pedir explicaciones y decidir nuestro destino. Las preguntas me bullían en la cabeza:

–¿Cómo sabías que te detendrían?

–Lo supe desde que detectamos la galera que nos seguía. Era solo cuestión de tiempo. Maximus venía con la orden de esperar a que encontrara el escarabajo dorado. Y entonces lo tomaría, con la esfinge. Livia me hizo llegar la joya en secreto. Él no podía saber que la había recuperado. Pero si el Alcíone partía, sospecharía y se precipitarían los hechos.

–Lo que no entiendo es por qué Livia te dio el escarabajo. Al principio afirmaba haberlo perdido.

–Era mentira. En cuanto llegamos a Pompeya, el prefecto nos dejó claro que el escarabajo había desaparecido y que abandonáramos toda esperanza de encontrarlo. ¿No te diste cuenta? Lo mismo que nos contó, con más detalles, Livia. Era evidente que no tenían el menor interés en ayudarnos. Les daba igual incumplir las órdenes

de Augusto. Sabían que nos enviaba el senador Graco. Por algún motivo que se me escapa, hay una enemistad manifiesta entre Graco y los Appicola. La respuesta me la dieron las mujeres del mercado.

–Sí, recuerdo que hablaste con ellas. Creía que solo hablasteis del tiempo y del precio de las frutas.

–Eso es lo que piensa todo el mundo cuando ve hablar a mujeres sencillas. Ignoran lo mucho que saben sobre el vecindario de un pueblo que dominan. Las mujeres me contaron que el matrimonio entre Livia y el general Appicola era un desastre. No me lo dijeron con estas palabras, pero lo deduje. Appicola es veinte años mayor que Livia y se le conoce una larga lista de amantes. Pero es un personaje con gran influencia, y el emperador Augusto cree conveniente emparentar a su prima con los Appicola. ¿Y quién le daría tal consejo?

–¿El senador Graco?

–Muy bien, Lidia. Graco también tenía interés en propiciar la unión. Appicola es uno de los nombres que suenan en la lista de sucesores a Augusto. Y con esta unión se ganaba sus simpatías. Los matrimonios pactados son la norma entre las familias patricias. Pero ahí había un problema añadido. ¿Adivinas cuál?

–¿Quizás una tercera persona? –sonrió Galcerán.

–Exacto. Las ausencias continuadas del general Appicola, siempre en campañas de conquista lejanas, deben de ser bien aprovechadas por los amantes. Entonces me vino a la mente una costumbre habitual entre los enamorados. ¿Tú te has enamorado alguna vez, Diania?

–¿Yo?, ¡qué dices!

–Lidia quizás tampoco. Pero Galcerán y el maestro Gregalius seguro que sí.

–Ah, yo hace tantos años que ni me acuerdo. Galcerán, en cambio, podría contar muchas aventuras.

–Abuelo, no exageres.

–¿Qué hacen los enamorados para demostrarse su amor?

–¿Regalos?

–¡Exacto, maestro Gregalius! Me alegra comprobar que aún se acuerda. Se hacen regalos. Y los regalos suelen ser joyas o, al menos, objetos con un significado especial. Livia se casó con el amuleto egipcio. Y parece que nadie ha vuelto a ver el amuleto desde la boda. ¿Y si no lo han visto porque se lo dio, como prenda de amor, a su amante secreto? Solo tenía que descubrir quién podía ser el amante secreto de Livia, para atar cabos. Y el amante secreto debía ser una persona interesada,

como ella, en hacernos creer que el amuleto había desaparecido y que resultaba imposible encontrarlo.

De repente tuve un pensamiento:

–¿El prefecto? Intuyo que si sospechaste del prefecto, sería por algún otro motivo.

–Ciertamente, le tendí una pequeña trampa –sonrió maliciosa–. Cuando nos explicaba que el escarabajo desapareció en las bodas de Livia con el general Appicola, noté un brillo especial en sus ojos. Algo brilló al pronunciar el nombre de Livia. He visto esa misma intensidad otras veces, siempre en personas enamoradas. Por eso le pregunté si le quedaba bien. Su respuesta fue reveladora: «El amuleto reflejaba los rayos de sol, con las alas extendidas, de un verde intenso, del mismo color que los ojos de Livia». ¡Qué memoria! Si se acordaba era porque la había visto después con cierta frecuencia.

–Ahora entiendo que intentaras convencer a Livia de que la iniciativa de recuperar el escarabajo no beneficiaba al senador Graco. Mentiste.

–En absoluto. En aquel momento estaba convencida de que Graco no jugaba limpio. Livia necesitaba un estímulo para pedirle al prefecto que nos devolviera la joya. Y yo se lo di.

–Lo que me gustaría saber, Selena –dijo el maestro Gregalius–, es cómo has logrado escapar de la prisión.

–Una maga jamás revela sus trucos, ni el origen de su magia. Pero puedo daros dos explicaciones: la mágica o la mundana. Vosotros decidís. ¿Cuál preferís?

–Primero la mágica –saltó Livia–. Después la mundana.

–La mágica es que abrí la puerta de la celda con un conjuro. Y pasé desapercibida entre los guardas gracias a una poción de invisibilidad que me enseñó una bruja de Aquisgrán.

–¿Y la explicación mundana?

–Escribí una nota e hice que llegara a la villa Appicola. En ella pedía ayuda a Livia y al prefecto para escapar. Les prometía vengarme del senador Graco y, al mismo tiempo, mantener la relación en secreto. Después de enviar la nota, el prefecto contactó conmigo a través de Servius. Me trajo comida. Le hice entender que me podía escapar si el prefecto se encargaba de dejar abierta la puerta exterior de la prisión. Maximus estaba muy ocupado dando órdenes en la galera para perseguir al Alcíone. Me habían registrado y no habían hallado el amuleto. Y eso le desconcertaba. Sabía que no me interrogaría a fondo, porque temía mis poderes de bruja. Al menos hasta que el senador Graco lo ordenara.

–¿Y para qué necesitabas a mi Uri?

–La ayuda de Uri y del oriol me ha resultado imprescindible para poder escapar de la prisión. Pero permitidme que no lo cuente. ¿Sabéis por qué?

–Una maga jamás revela sus trucos –contestamos a dúo Lidia y yo.

El Alcíone bordeaba la región de Lucania, listo para divisar las vistas de Sicilia. A pesar de las explicaciones de Selena, quedaba una pregunta por responder:

–¿Qué pretende Graco?

–Todavía no estoy segura de sus intenciones, Diania. Pero apostaría a que está detrás de la maldición de la esfinge. Es la mano derecha de Augusto, la lechuza que ha controlado la ciudad de Roma, desde la sombra, durante todo su gobierno. La partida por la sucesión del emperador está en un momento crítico. El senador Escipión debía de representar un peligroso adversario, había que eliminarlo, y Graco vio una oportunidad resucitando la leyenda de la maldición de la esfinge.

–Pero, entonces, ¿por qué te contrató?

–Estoy convencida de que esperaba que fracasara. Debió de llevarse una desagradable sorpresa cuando encontré la esfinge. Y tampoco le hizo gracia que quisiera investigar la muerte de Escipión. Por eso nos envió a Maximus, para que nos espiara. Y a partir de ahí, me surgen las dudas. ¿Me buscó Graco, presionado por el emperador, para dar a entender que buscaba solucionar el problema de la esfinge y la maldición? ¿O había otro motivo, más poderoso, solo conocido por Graco, que se me escapa?

Mientras hablábamos, Selena tenía en la mano el escarabajo dorado. Lo observaba atentamente. Había desplegado las alas y algo le llamaba la atención. De repente, bajó corriendo las escaleras del puente, en dirección a la bodega. La seguí. La compañía Maravillas seguía en el puente. Selena bajó a la bodega y abrió la caja de madera en la que transportábamos la esfinge. Esta se encontraba en un rincón, bien atada. En la cabeza tenía el orificio donde iba el escarabajo.

Selena levantó el escarabajo, de forma que los rayos de sol que entraban por la trampilla de la bodega se reflejaran en las alas extendidas. Las alas brillaban y un destello color esmeralda se reflejó en las paredes de la nave. Poco a poco, fue desviando el espectro de luz hacia la esfinge. Cuando la luz se proyectó sobre la espalda y el costado blanquecino de la esfinge, nos dimos cuenta de un hecho sorprendente. El contraste entre la luz verdosa y la superficie de la esfinge, de un blanco amarillento, provocó la aparición de unas inscripciones.

–Son jeroglíficos…, la lengua de los egipcios. Toda la esfinge está llena. Y solo son visibles cuando se refleja la luz a través de las alas del escarabajo. Es un efecto óptico provocado por la mezcla de colores, un mensaje secreto solo visible con la luz que pasa por el interior de la joya y cae en la superficie de la esfinge.

–¿Y qué significan?

–Ni idea. Solo un egipcio podría saberlo. Pero una cosa está clara: no se habrían tomado tantas molestias en ocultar el mensaje si no fuera importante. ¿Sabes qué hacen los escarabajos?

–Normalmente viven escondidos bajo tierra.

–Sí. Y los egipcios, además, según leí en una biblioteca de Atenas, entierran bolas de hierba y barro. Los escarabajos dorados indican otra cosa: la tumba de un faraón.

–¿Insinúas que todos esos extraños dibujos pueden indicar dónde hay una tumba?

–Sí. La tumba de Cleopatra, la última reina de Egipto. La auténtica, no la falsa que saquearon los romanos. ¿Y si es la tumba, y lo que esconde, lo que busca realmente Graco? Creo que deberíamos hablar con tus amigos de la Compañía Maravillas. Quizás les interesaría alargar su colaboración. Y acompañaros a Egipto.

Pronto se resolvió tanto la decisión de la Compañía Maravillas como la reacción del senador Graco y del emperador Augusto ante nuestra huida. El misterio de la esfinge se convirtió en la búsqueda de un tesoro. Pero por ahora no puedo contar nada más. Eso es otra historia.

IMPERIO ROMANO
EN LA ÉPOCA DE
OCTAVIO AUGUSTO

VIAJE DE SELENA
Desde su Britania natal hasta
embarcarse en el puerto de Aleria
en el barco donde viaja Diania.

VIAJE DE DIANIA
Desde Dianium hasta el puerto
de Ostia, y después hacia Roma.

MISIÓN DE SELENA
Diania, Selena y la Compañía
Maravillas, con la esfinge, en el
barco Alcíone, huyendo de la galera
romana Lupa Mari. Destino…

MARE
NOSTRUM

Alejandría

EGIPTO

ESFINGE DE
CLEOPATRA

Índice

Francesc Gisbert (Alcoy, 1976) es un autor de literatura infantil y juvenil muy prolífico, con más de medio centenar de libros publicados, la mayoría de los cuales han sido éxitos de ventas. Es doctor en Filología i profesor en secundaria. Tiene un largo palmarés de premios y sus libros se han traducido a diversas lenguas. Además, colabora habitualmente en prensa. También ha coordinado materiales didácticos sobre lengua y sobre fomento de la lectura. En el ámbito de la investigación, es autor de una historia de la literatura infantil y juvenil y de diversos materiales divulgativos de la cultura popular.

En Andana Editorial ha publicado *Mi familia y otros monstruos, Los amigos del Coco, El cole de los monstruos* y *Todo o nada*.

Podéis conocerle mejor en su página web:
www.francescgisbert.com

OTROS TÍTULOS DE LA COLECCIÓN

Una aventura peliaguda

Autora: **Elisabet Roig**

Ilustrador: **Javier Lacasta Llácer**

112 páginas, rústica, 14,5 x 20 cm

ISBN: 978-84-19913-30-2

IV Premi de narrativa infantil
Enric Lluch Ciutat d'Algemesí

*Jana, la mamá de Marcos y Nacho, tiene una librería. Se pasa
semanas enteras organizando saraos: que si clubs de lectura, que si
cuentacuentos, que si ahora vienen unos bibliotecarios, ahora unas
maestras... El ritmo frenético que lleva para poder sobrevivir es la causa
que haya abandonado tanto la higiene de sus hijos que Nacho se ha
convertido en una bola de pelo. Cuando su madre intenta poner orden,
ni con una podadora lo consigue. Tendrá que venir la abuela Enriqueta
y entrar dentro del pelo de Nacho para desenredar el problema. Así se
inicia un viaje hacia la imaginación de Nacho, con una gran dosis de
humor y muchas aventuras sorprendentes.*

Mi familia y otros monstruos

Autor: **Francesc Gisbert**

Ilustrador: **César Barceló**

140 páginas, rústica, 14,5 x 20 cm

ISBN: 978-84-16394-71-5

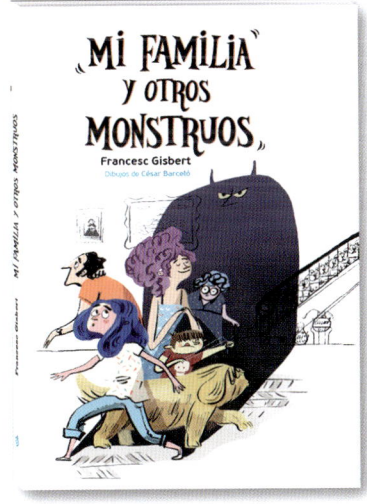

Esta es la historia de Rut y su familia, más pobres que las ratas. Sobreviven como pueden y duermen en una furgoneta. Una noche, descubren una casa misteriosa, la Casa de las Tres Torres, a primera vista abandonada, Y deciden instalarse. Aquella casa no se encuentra tan vacía como pensaban y tendrán que aprender a compartirla con otra familia de monstruos. ¿Monstruos y humanos serán capaces de convivir?